삼국지의
진실과 허구

삼국 시대 인물들의 진짜 인생 엿보기

삼국지의
진실과 허구

구청푸·성쉰창 지음 | 하진이 옮김

시그마북스
Sigma Books

삼국지의 진실과 허구

발행일 2012년 9월 17일 초판 1쇄 발행
2014년 4월 10일 초판 3쇄 발행
지은이 구청푸, 성쉰창
옮긴이 하진이
발행인 강학경
발행처 시그마북스
마케팅 정제용
에디터 권경자, 양정희
디자인 홍선희, 김수진

등록번호 제10−965호
주소 서울특별시 영등포구 양평로 22길 21 선유도코오롱디지털타워 A404호
전자우편 sigma@spress.co.kr
홈페이지 http://www.sigmabooks.co.kr
전화 (02) 2062−5288~9
팩시밀리 (02) 323−4197
ISBN 978-89-8445-526-9(03910)

真假三国

作者 : 顾承甫 盛巽昌 著

차례

2장 | 『삼국지』 장수열전

3장 ┃ 책사, 삼국 쟁패전의 주역들

4장 | 저술에 바탕이 된 사료들

유구한
천 년의 역사

삼국 시대는 비록 90년에 불과한 짧은 시간이었지만, 천하를 호령하는 영웅들과 다채로운 이야기로 가득한 질풍노도의 시기이자 역사가 태동하는 격동의 시기였다. 그래서 어떤 철학자는 이렇게 말했다.

"역사책을 뒤적이다가 백가쟁명百家爭鳴의 전국 시대, 유방劉邦과 항우項羽의 패권 다툼, 한 무제의 흉노족 정벌, 그리고 삼국 투쟁을 보노라면 그야말로 탄사가 절로 나온다. 그러다 태평성대로 접어들면 나도 모르게 시들해져 그만 책장을 덮어버린다. 무릇 진정한 삶의 묘미란 평화롭고 안일한 시대에서는 깨달을 수 없다. 시시각각 변화하는 격동의 시간 속에서야 참된 삶의 진가를 깨달을 수 있다."

특히나 삼국 시대 이야기는 더욱 그렇다. 삼국 시대는 초한과 수당,

오대, 원명 연간의 혼란스러웠던 시대보다 훨씬 긴박하고 생동감 넘치는 이야기로 가득하다. 그뿐만 아니라 『서한연의西漢演義』, 『동한연의東漢演義』, 『수당연의隋唐演義』, 『잔당오대사연의殘唐五代史演義』, 『대명영렬전大明英烈傳』 등 그 시대의 이야기를 담은 책들이 넘쳐나지만 어느 것 하나 『삼국연의三国演义』만큼 사람을 끌어당기는 매력은 없다. 『삼국연의』는 오랜 세월을 거쳐 오면서 삼국의 역사와 문화를 집대성한 불후의 명작으로 자리매김했다.

사람들은 일찍이 삼국 시대부터 당대를 풍미하던 사건과 인물을 화제로 올렸다. 그 후 삼국 시대의 일화는 양진남북조 시대에 이르러 사람들의 입을 통해 널리 퍼져 나갔고, 수당 시대에 이르러서는 신분 고하를 막론하고 사람들이 모이는 자리에서 빠짐없이 등장하는 주된 이야깃거리가 되었다. 송원 시대에는 불교의 속강俗講, 중국 당나라 중기 이후에 승려가 속인을 대상으로 행하였던 통속적인 설법과 함께 삼국 시대 일화가 크게 흥성하였다. 특히나 송나라 때에는 삼국지 이야기를 전문적으로 들려주는 설화인說話人이 등장했고, 원나라 때에 이르러서는 설화인의 각본을 엮어 만든 화본話本, 즉 『삼국지평화三國志平話』가 세상에 나왔다. 그리고 명대 초엽에는 나관중羅貫中의 피와 땀의 결실로 마침내 『삼국연의』가 탄생했다.

나관중은 역사서 『삼국지三國志』와 배송지裴松之의 주석본을 바탕으로 삼아, 거기에 삼국 시대를 소재로 한 민간 예술을 접목해 불후의 명작인 『삼국연의』를 완성했다. 즉 『삼국연의』가 불후의 명작이 될 수 있었던 1등 공신은 바로 진수陳壽와 배송지였다.

『삼국지』는 '24사' 가운데 유일하게 지志와 표表가 없는 역사서이며,

근엄한 문체와 섬세한 묘사는 역사서 중에서도 최고로 꼽는다. 여기에 배송지는 수많은 참고 서적을 인용하여 주석을 달았고 삼국지의 내용을 한층 더 풍성하게 만들었다. 덕분에 삼국지를 읽다보면 바로 옆에서 그 시대 사람들의 이야기를 듣고 있는 듯한 생생한 현장감과 감동을 느낄 수 있다. 이는 오늘날까지 많은 사람이 삼국 시대의 인물들에게 매력을 느끼는 이유 가운데 하나일 것이다.

중국 현대 문학 평론가 량스추梁實秋는 "역사란 사람이 만드는 것이며, 특히 그 시대의 걸출한 인재들이 창조한 것이다"라고 말했다. 다시 말해서, 사람의 이야기야말로 가장 생동감 넘치는 역사적 기록인 것이다.

『삼국지』는 천 년에 걸친 전통 문화의 정수를 흡수하고 끊임없는 발전과 변화를 거듭한 끝에 『삼국연의』로 재탄생했다. 오늘날은 삼국 시대 당시와 시대상이 전혀 다름에도 우리는 『삼국연의』를 읽을 때마다 늘 신선함을 느낀다. 이 책을 읽으면서 정치가는 치국의 도를 배우고, 군사가는 전략의 묘미를 깨우치며, 기업가는 경쟁과 개척의 길을 터득하고, 일반 독자들은 올바른 선악의 개념을 정립하는 계기를 얻게 될 것이다. 이는 『삼국연의』가 영원불멸의 생명력을 이어나가는 이유이기도 하다.

삼국 시대 이야기 가운데 가장 생동적이면서 시대적 정신을 상징하는 인물은 흔히 '삼기三奇' 혹은 '삼절三絶'이라고 일컬어지는 조조曹操, 관우關羽, 제갈량諸葛亮이 꼽힌다.

명예 회복이 어려운 조조

조조는 삼국 시대 인물 중에서 첫손에 꼽히는 인물이다. 굳이 비중을 가리자면 가히 핵심 등장인물이라고 말할 수 있다. 역사적으로 조조가 미친 영향력은 제갈량과 손권孫權, 유비劉備를 넘어서고, 삼국 시대이야기의 절반은 조조의 이야기라고 해도 과언이 아닐 것이다.

『삼국지. 위서魏書』에서 진수는 다음과 같이 평하고 있다. "한나라말기는 천하가 크게 어지러워 영웅호걸이 사방에서 군대를 일으켰다. 그중에 원소袁紹는 4개 주를 근거로 호시탐탐 중원 땅을 노렸으며, 당시 그의 강성함을 대적할 자가 없었다. 그런 가운데 조조는 교묘하고뛰어난 계략과 무력으로 천하를 정복했다. 그는 신불해申不害와 상앙商鞅의 법가 사상, 한신韓信과 백기白起의 기발한 책략을 두루 갖추었다. 사람을 쓰는 데 능해 인재들을 적재적소에 기용했고 감정에 치우침 없이 실리적으로 계산할 줄 알았으며, 상대방의 과거에 연연하지 않았다. 천하의 패권을 잡고 제업을 이룰 수 있었던 것은 이처럼 빼어난 지략 덕분이었다. 그는 비범한 인물이자 시대를 초월한 영웅이라고 말할 수 있다."

조조는 비록 정식으로 황제에 즉위하지 않았지만, 진수는 파격적으로 조조를 위한 본기를 썼다. 배송지는 더 나아가 상세한 보충 자료를통해 조조의 성격과 기질을 형상화했다.

조조가 간신이라는 것은 세 살배기 아이들도 안다. 그런데 근대 이후부터 조조의 명예를 회복시켜 주려는 움직임이 생겨났다. 예를 들어 중국의 시인 궈모뤄郭沫若는 『문사논집文史論集』에서 이렇게 평했다.

"『삼국연의』가 널리 퍼진 이후 세 살배기 아이조차 조조를 악인이자 간신배로 여기게 되었다. 그러나 이는 사실상 역사의 중대한 왜곡이 아닐 수 없다. 『삼국연의』는 예술적 진실성에서도 그 기본을 상실했다."

사실 나관중의 『삼국연의』는 조조의 역사성과 문화성의 이중적인 면을 성공적으로 표현해냈다. 역사적 사실에 바탕을 두고 문학적 예술을 매개체로 삼아 조조에 대한 긍정적·부정적 평가를 동시에 내렸다. 쓰촨대학의 선보쥔沈伯俊 교수도 『삼국연의』가 조조의 영웅적 기개와 비범한 지략, 담대함을 어떻게 서술했는지 조리 있게 설명한 적이 있다. 더불어 그는 『삼국연의』에 등장하는 주연급 인물 수십 명 가운데 존칭의 뜻인 '공公'으로 불리는 사람은 단 두 사람, 바로 '관공關公'과 '조공曹公'이었다는 점도 명확하게 지적했다. 다시 말해서, 이는 『삼국연의』의 작가가 역사적 사실에 충실했을 뿐만 아니라 조조를 긍정적으로 평가했다는 것을 증명한다.

현대에 이르러 학계에서도 실사구시적인 담론이 일어났다. 이 담론에 가장 활발히 참여한 대표적인 인물이 중국의 사상가이자 교육자인 후스胡適다. 후스는 「답전현동答錢玄同」에서 다음과 같이 말했다.

"『삼국연의』에서 유비를 숭상하고 조조를 폄하하는 것은 어디까지나 유교적 관념에 입각하여 구습을 답습한 행위에 지나지 않는다. 또한 이 책에서 조조는 한결같이 저급하고 추악한 인물로만 나오는 것도 아니다. 예를 들어 백문루白門樓에서 여포呂布를 죽이는 대목을 보면 조조가 유비보다 백 배 이상 고결한 인품을 가지고 있음을 알 수 있다. 이 밖에도 인재를 기용하고 장군들을 거느리는 조조의 명석함은 유비와 제갈량도 따르지 못할 만큼 뛰어나다. 그런데 안타깝게도 중국인들은 주희朱熹를 위주로 한 유학파의 편향된 사상에 물들어 무조건 조조를 욕하고 폄하한다. 『삼국연의』와 관련한 희곡 역시 「핍궁逼官」아니면 「전완성戰宛城」일 뿐 조조의 훌륭한 점을 그려낸 희곡은 단 한 편도 없다. 이는 희곡 편집자의 무식함이 아니라 순전히 『삼국연의』의 죄가 큰 탓이다."

그러나 역사학자 탄치샹譚其驤은 이러한 움직임을 두고 조조에 대한 중국인의 보편적인 견해를 '정통 사상'이라는 말로 부정해서는 안 된다고 일침을 가했다. 이러한 상황을 보면 조조의 명예 회복은 아무래도 훗날을 기약할 수밖에 없을 듯싶다.

관우의 신격화

수천 년 동안 중국인들은 역사와 전설을 통해 끊임없이 영웅의 탄생을 갈구해왔다. 그 가운데 가장 성공적인 영웅은 바로 '관우'다. 더욱이 관우는 단지 영웅에 머물지 않고 한 발 더 나아가 그만의 독특한 관우 문화를 형성했다.

이른바 관우 문화란 두 가지 의미를 내포한다. 첫째는 관우의 행적을 위주로 하여 그의 윤리 도덕과 처세 철학을 선양하는 관우 역사 문화다. 둘째는 관우의 역사적 행위를 새롭게 다듬고 보완해 새로운 차원으로 승화시킴으로써 전혀 다른 관우 이미지를 형상화한 문화다. 그중 가장 대표적인 것이 후자인 관우를 신격화한 관우 신화로서 이는 중화민족의 전통적 특색을 가미한 문화적 현상으로 발전했다.

관우 문화의 형성과 완성은 문화적 가치관의 끊임없는 발전과 확대의 과정으로 크게 세 단계로 나뉜다.

역사화된 관우 문화

『삼국지. 촉서蜀書. 관우전關羽傳』을 비롯한 여러 관련 서적에서는 관우의 역사적 행위를 기술하고 나름의 판단과 평가를 덧붙였다. 관우는 유교적 충의 관념에 가장 부합되는 인물로, 후세 사람들에게 강한 인상을 남겼다. 역사학자 뤼쓰몐呂思勉은 『삼국사화三國史話』에서 관우가 확실히 능력 있는 용장이었다며 두 가지 사례를 들었다.

"첫째, 『삼국지』를 자세히 들여다보면 유비는 전쟁터에서 좀처럼 군사를 나누어 거느리는 법이 없다. 하지만 불가피하게 군사를 나눠야 할 때는 항상 관우와 각각 부대를 나누어 통솔하는 것을 발견할 수 있다. 즉 관우는 혼자서도 충분히 적과 맞설 만한 지략을 겸비했다는 사실을 의미한다. 둘째, 유비가 번성樊城에서 도망쳐 강릉江陵으로 갔을 때 관우는 수군을 이끌고 강릉으로 뒤따라갔다. 북방 사람들은 본래 수중전에 약하다. 승승장구하던 조조도 적벽대전에서 맥을 못 추고 패배하지 않았던가? 그런 면에서 관우가 형주荊州로 가자마자 수군을 정비한 것을 보면 확실히 전술에 일가견이 있음을 알 수 있다."

삼국 시대에 장군이 포로로 생포되었다가 죽임을 당한 사례는 매우 드물다. 그래서 비극적 결말을 맺은 관우의 죽음은 그만큼 사람들에게 두고두고 미련과 안타까움을 주었다. 관우의 용맹함은 후세 사람들에게 깊은 인상을 남겼다. 조익趙翼은 "한대 이후 용자라고 칭할 수 있는 사람은 관우와 장비張飛뿐이다. 동시대 사람들에게 존경과 경외를 한 몸에 받았을 뿐만 아니라 수백 년이 지난 후에도 그의 용맹함에 감탄하지 않는 이가 없었다. 그는 오늘날까지도 불후의 명성을 날리는 신의 경지에 이른 용장이었다"라고 평하기도 했다.

희곡 예술로 심화된 관우 문화

당송 시대 이후의 야사와 필기筆記, 원명 시대의 평화와 잡극은 관우의 이미지에 전통적 윤리관을 접목해 끊임없는 발전을 꾀했다. 원명 시대 잡극에 등장하는 관우는 용감무쌍한 용장의 모습 그대로이다. 이를테면 〈관대왕독부단도회關大王獨赴單刀會〉, 〈호뇌관삼전여포虎牢關三戰呂布〉, 〈관대왕삼착홍의괴關大王三捉紅衣怪〉 등에서 관우의 용맹함을 엿볼 수 있다. 여기에 유교적 윤리 도덕이 접목되면서 〈관대왕월하참초선關大王月下斬貂蟬〉, 〈관운장고성취의關雲長古城聚義〉 등의 잡극도 생겨났다.

잡극을 비롯한 『삼국지평화』와 『삼국연의』에서 관우의 이미지는 더욱 구체적으로 변화해 그의 외모에 대한 전형적인 표준이 정립되었다. 예를 들자면 "키가 9척이고, 수염 길이가 무려 2척에 달하며, 대추처럼 불그스레한 얼굴에 입술은 연지를 바른 듯 붉었다. 또한 봉황의 눈과 누에 눈썹을 가졌으며 키가 훤칠하고 위풍당당했다"와 같은 표현이다. 여기에 녹색 두건과 녹색 도포를 입고 청룡언월도를 한쪽에 찬 채 적토마를 탄 그의 모습은 더욱 빛을 발한다.

이와 같은 평화와 잡극, 소설은 관우를 신격화하는 데 중요한 기반이 되었다.

신격화, 종교화된 관우 문화

관우는 시대를 거쳐 오며 점차 신격화되어 마침내 종교적 숭배 대상으로 거듭났다.

처음 수당 시대에 관우는 토속 신앙적 색채가 강했다. 그러다가 원명 시대에 이르러 도교적 영향을 받으면서 그 위상이 격상되었다. 특히 명나라 만력萬曆12년1614년에는 문묘文廟에 모셔진 공자와 동등한 지위인 무묘武廟의 주신이 되어 전국 각지의 모든 마을에 관제묘關帝廟가 세워졌다. 오늘날 중국 본토의 4대 관묘를 비롯해 타이완, 홍콩, 마카오 등에 관제묘가 있으며, 세계 각 지역의 차이나타운에도 어김없이 관제묘가 들어서 있다.

이상주의적 색채와 예술적 매력으로 충만한 제갈량

진수의 『삼국지』에서 가장 공들여 쓰인 것이 바로 『촉서. 제갈량전諸葛亮傳』이다.

제갈량은 천하제일의 지략을 자랑한 기인으로, 죽는 순간까지도 충성을 다했던 충신이자 뛰어난 능력을 갖춘 명신이었다. 그의 명성은 지금까지도 사람들의 입을 통해 자손대대로 전해지고 있다. 제갈량은 촉한의 정사를 돌보던 20년 동안 백성을 평안하게 하고, 상벌을 공평하게 했으며, 법령을 준엄하게 지켰다. 또한 청렴결백한 생활을 하면서 수하들을 후하게 대해 타의 모범이 되었다. 그래서 그는 죽은 뒤에도 후세 사람들에게 끊임없는 존경과 추모를 받고 있다. 진수는 『삼국지. 촉서. 제갈량전』에서 이렇게 말했다.

"제갈량이 병으로 세상을 떠나자 백성은 그의 공덕을 추모하고 그의 사적을 글로 엮었다. 양주揚州와 익주益州의 백성은 지금도 제갈량의 이야기를 한다. 『시경詩經』의 『감당甘棠』에서 소공召公을 칭송하고 정鄭나라 사람들이 자산子產을 칭송하는 것도 이에 미치지 못한다."

제갈량은 중화민족이 빚어낸 완벽한 인간상이다. 역사적 인물인 제갈량은 시대의 변천에 따라 전통 문화와 접목되면서 중화민족의 커다란 정신적 자산이 되었다.

나관중은 역사적으로 숭앙받는 실존 인물 제갈량을 기초로 하고 여기에 민간 설화와 송원 시대 평화, 잡극의 요소를 가미하여 『삼국연의』의 제갈량을 고상하고 날카로운 예지력을 갖춘 예술적 매력이 가득한 이상적인 인물로 재탄생시켰다. 이로써 제갈량은 전통적 지식인의 모범이자 중화민족의 지혜와 인격을 대변하는 결정체로 한층 승격되었다.

완벽한 제갈량의 이미지를 만들어내기 위해 나관중은 각고의 노력을 기울였다. 그는 『삼국지』의 '명재상', 위진 시대 필기 소설에 등장하는 '명재상', 수당 문인들의 시문에 언급된 '명장'과 '지장智將', 원대 『대승잡보장경大乘雜寶藏經』에 나오는 '와룡신선', 원대 잡극에 출현하는 '신선'의 이미지를 한데 모아 인격과 신격을 겸비한 '군사軍師' 제갈량의 이미지를 완성했다. 그러한 노력 덕분에 제갈량은 『삼국연의』 최고의 주인공이자 중심 좌표가 되었다.

다시 말해서, 『삼국연의』는 제갈량이라는 존재가 있었기에 빛을 발할 수 있었다. 그래서 모종강毛宗崗은 "제갈량은 『삼국지』 최고의 인물이며, 생각건대 『삼국지』와 『삼국연의』에서 가장 활약상이 두드러지는 인물이다"라고 평했다.

『삼국연의』가 광범위하게 전파되고 사회 각계각층에 영향력을 미치면서 제갈량의 이미지도 희곡, 설창說唱, 공예 미술, 종교 문화 등 다양한 분야로 전파되었다.

삼국의 역사와 문화, 즉 독특한 개성이 넘치는 조조와 제갈량, 관우의 이미지와 그들로부터 파생된 문화는 선조들의 수백 년에 걸친 노력으로 이루어진 결과물이다. 삼국사 연구는 최근 백 년간 학계에서 가장 인기 있는 관심 분야로, 많은 사학자들의 활발한 연구 활동을 통해 적지 않은 성과를 거두었다. 그 가운데 뤼쓰몐의 『삼국사화』와 역사학자 구제강顧頡剛의 『중국역사입문』이 특히 주목할 만하다. 1950년대 이후 탕창루唐長孺, 왕중뤄王仲犖 등으로 대표되는 역사학자들은 삼국사와 관련한 저술 활동을 전개했다.

탕창루의 『손오의 건국 및 한말 강남 팔종부八宗部와 산월山越』은 지금까지도 수작으로 꼽힌다. 또한 왕중뤄의 『위진남북조사魏晉南北朝史』와 먀오웨繆鉞의 『삼국지』 주석본은 학계에서 삼국을 연구하는 주요 참고 서적으로 이용되고 있다. 이 밖에도 여러 학자가 역사서를 저술했으며, 그중에는 구청푸顧承甫 씨와 본인이 존경해마지 않는 팡스밍方詩銘 교수도 있다. 올해는 팡스밍 교수의 탄생 90주년이 되는 해로, 미약하나마 이 책으로 그분의 90주년을 기념하고자 한다.

이 책으로 독자들이 많은 도움을 얻는다면 이는 모두 구청푸 씨의 노력 덕분이다. 또한 편집자 자오푸보趙普波 씨의 노고에 감사드리며 삼국 희곡과 관공 문화와 관련하여 귀중한 사진을 제공해주신 베이징의 추이즈崔陟 선생께도 고마움을 전한다. 마지막으로 본인의 능력 부족으로 미비한 점에 대해서는 독자들이 넓은 아량으로 이해해주기를 바란다.

성쉰창盛巽昌

1장

『삼국지』영웅본색

위, 촉, 오나라의 군주였던 조조, 유비, 손권의 흥미진진한 일화와 실제 생김새, 인물 됨됨이에 대해서 해부해본다. 그들의 인간적인 결점과 겉으로 드러나는 모습 이면에 숨겨진 본심, 실수 등 대중들에게는 잘 알려지지 않은 의외의 면모를 살펴볼 것이다.

유비의 눈물은?

역사서에 기록된 유비는 좀처럼 감정을 드러내지 않는 냉정한 인물이었다. 그
러나 『삼국연의』 속의 유비는 곧잘 눈물을 흘렸다. 이는 혹시 계산된 눈물은
아니었을까?

『삼국지』든 『삼국연의』든 특정 인물이나 사건에 집중해서 읽다보면
남다른 재미를 느낄 수 있다. 특히 유비의 눈물은 좋은 사례다.

　진수의 『삼국지. 촉서. 선주전先主傳』에서는 유비를 엄숙하고 진지하
게 기록하고 있다. 물론 유비가 곧잘 눈물을 흘렸다는 내용은 일절 언
급하지 않았지만 「법정전法正傳」과 「유봉전劉封傳」에서는 예외였다.

　법정法正은 유비가 익주 지역을 차지하고 세력을 확대하는 데 중요한
역할을 한 인물이다. 익주를 근거지로 삼아 한중漢中을 점령한 유비는
한중왕에 오른 뒤 법정을 상서령尙書令, 호군護軍장군으로 임명했다. 당
시 제갈량은 유비 곁에 없었고 방통龐統 역시 죽고 난 뒤였다. 즉 법정
이 유비에게 차지하는 영향력은 조조의 책사로 깊은 신임을 받았던 정

욱程昱과 곽가郭嘉에 버금가는 것이었다. 서기 220년 법정은 마흔다섯
의 나이로 죽는데 이때 유비는 환갑의 노인이었다. 「법정전」에 "유비
는 사나흘 동안 울며 애도했으며 법정을 익후翼侯로 추서했다"라는 기
록이 있다.

익주의 문무대신 가운데 사후에 유비에게 추서받은 이는 법정 한 사
람에 불과하다. 이로 미뤄봐서 법정과 유비의 관계가 특별했다는 사
실을 알 수 있다. 그가 죽었을 때 유비가 사나흘 동안 눈물로 애도했다
는 사실도 좋은 방증이다.

유봉劉封은 유비가 형주에 있을 당시 후사를 이을 아들이 없어서 입
적한 양자였다. 유봉은 유비를 따라 전쟁터를 누비며 수많은 공적을
세웠지만 관우가 위급한 것을 보고도 지원군을 보내지 않았다는 죄목
으로 죽임을 당했다. 『삼국지. 촉서. 유봉전』에 따르면 "제갈량은 유

연화 〈제갈량을 추천하는 서서〉

봉이 용맹하고 강직한 인물이라서 유비가 세상을 떠난 이후에는 통제하기 힘들 것을 우려했다. 그리하여 유비에게 그를 제거할 것을 권하여 결국 유봉이 자결하도록 만들었다. 유비는 그의 죽음을 안타까워하며 눈물을 흘렸다"라고 한다.

또한 방통은 서른여섯의 나이에 낙봉파落鳳坡에서 날아오는 화살에 맞아 죽고 말았다. 이때도 유비는 크게 애석해하며 눈물을 감추지 못했다.

이외에는 유비가 눈물을 흘렸다는 기록을 『삼국지』에서 찾아볼 수 없다. 친형제와 다름없던 관우와 장비는 모두 유비보다 앞서 세상을 떴다. 이치대로 따지자면 그들의 죽음을 누구보다도 슬퍼하고 침통해할 사람은 유비였지만 「관우전」과 「장비전張飛傳」은 물론이거니와 기타 역사서 어디에도 유비가 눈물을 흘렸다는 기록이 없다.

『삼국지. 촉서. 선주전』에는 유비가 "좀체 감정 표현을 드러내지 않았다"라고 기록되어 있다. 하지만 나관중의 『삼국연의』에서는 유비가 눈물을 흘리는 대목이 심심치 않게 등장한다.

예컨대 서서徐庶가 조조의 수중에 잡혀 있는 모친을 만나려고 떠나려 할 때다. 유비가 눈물로 배웅하자 이에 감동한 서서는 떠나기 직전에 유비에게 제갈량을 추천했다. 또한 조조의 수하로 들어가서도 죽을 때까지 그의 책사 노릇을 하지 않았다.

또 다른 예를 살펴보면 유비가 제갈량을 얻기

서서

26

위해 '삼고초려三顧草廬'를 할 때다. 유비는 눈물을 흘리며 "선생께서 나와 주시지 않는다면 창생을 어찌 합니까?"라고 호소하는데 눈물이 비 오듯 흘러 도포와 옷깃이 흠뻑 젖었다.

　이처럼 유비가 눈물을 흘리는 대목이 많이 나오는 것은 나관중이 유비의 인자한 면모를 부각시키기 위해 일부러 삽입한 장면이라고 할 수 있다. 하지만 한편으로는 유비가 이익을 추구하기 위해 이른바 '눈물 작전'을 펼쳤음을 배제할 수 없다. 그래서 청대 모종강은 "유비가 제업을 이룰 수 있었던 비결 중 절반은 눈물 덕분이었다"라고 평가했으니 그야말로 날카로운 비판이 아닐 수 없다.

유비의 동쪽 정벌은 관우의 복수를 위해서였을까?

　유비는 십여 년 동안 군수물자와 병력을 강화한 뒤 직접 동오로 쳐들어갔다.
　그의 정벌은 성공적이었을까?

손권의 공격으로 관우가 전사하고 형주 땅마저 빼앗긴 유비는 복수를 결심했다. 잃어버린 땅을 탈환하고 나아가 오나라를 멸망시키기로 마음먹은 것이다.

　『삼국연의』제80회에서는 유비가 촉한의 황제로 즉위한 뒤 동오를 침공하라는 조서를 내린다. "짐이 도원에서 관우, 장비와 의형제를 맺고 생사를 함께하기로 맹세했다. 불행히 큰 아우 관우가 동오의 손권에게 죽임을 당했으니 이 원수를 갚지 않는다면 도원결의桃園結義의 맹세를

유비

어기는 셈이리라. 짐은 대군을 일으켜 동오를 치고 역적을 사로잡아 가슴에 맺힌 한을 풀려고 하노라."

제갈량과 조운趙雲 등의 만류를 뿌리치고 유비는 동쪽 정벌을 감행하여 마침내 삼국 역사상 가장 긴 이릉夷陵 전투가 시작되었다. 사실 이는 생사를 함께하기로 맹세한 유비, 관우, 장비의 도원결의를 부각시키기 위한 나관중의 각색이었다.

『삼국지』에서는 유비의 동쪽 정벌이 손권의 습격으로 관우가 전사한 데 대한 보복적인 측면도 있지만 무엇보다도 빼앗긴 형주를 탈환하여 구겨진 체면을 바로잡기 위해서였다고 기술한다. 동쪽 정벌이 오로지 관우의 복수를 위한 것만은 아니었다고 단정할 수 있는 이유는 다음 세 가지로 정리할 수 있다.

첫째, 유비는 관우가 전사한 지 1년 6개월이 지나서야 동쪽 정벌을 단행했다. 이는 유비가 황제로 즉위한 뒤 4개월이 지난 시점으로 『삼국연의』에서처럼 황급히 동쪽 정벌을 감행한 것이 아니었다.

둘째, 유비가 형주를 탈환하기 위해 동쪽 정벌을 단행하자 손권은 화친을 제의했다. 하지만 이것은 단지 휴전을 위한 명목일 뿐 형주를 내주려는 뜻은 없었다. 물론 유비가 이러한 제의를 받아들일 리 만무했다. 유비는 이릉 전투에서 대패하여 백제성白帝城으로 후퇴하고 나서야 형주 탈환이 그림의 떡이라는 사실을 깨달았다. 그리하여 손권이 재차 화친을 제의하자 이를 받아들였다. 만일 관우의 복수를 위한 전쟁이었다면 결코 화친을 받아들이지 않았을 것이다. 그러므로 동쪽 정벌의 주된 목적은 형주 탈환이었음을 알 수 있다.

셋째, 유비와 관우, 장비는 친형제 못지않은 사이였지만 국가대사를 소홀히 할 만큼 절실하지는 않았다. 유비는 자신의 제업을 이루는 데 가장 큰 공헌을 한 사람으로 법정을 꼽았으며, 생전에 유일하게 추서를 내린 이도 법정뿐이었다. 법정과 방통이 죽었을 때 유비는 사나흘 내내 울며 애도했지만 관우가 죽었을 때 울었다는 기록은 없다.

이릉에서 참패하고 백제성으로 후퇴한 뒤 유비는 애당초 관우의 자만심으로 형주를 잃었다고 원망하지 않았을까? 백제성에서 임종할 당시 유비는 수많은 군신들의 이름을 호명했지만 유독 관우의 이름만은 들먹인 기록이 없다. 이뿐만 아니라 당시 관우가 죽었을 때 시호조차 내리지 않았다. 그 이유가 무엇이었는지는 깊이 생각해 볼 필요가 있다.

유비의 동쪽 정벌은 두 의형제의 복수를 위해서였을까?

『삼국연의』에서 유비는 관우와 장비의 원수를 갚고 한을 풀려고 동쪽 정벌을 감행했다.

유비의 동쪽 정벌은 처음엔 승승장구를 거듭했다. 그러나 동오의 대도독 육손陸遜의 거짓 퇴각에 속아 크게 참패를 당하고 만다. 나관중은 이를 각색하여 『삼국연의』에서 유비가 동오를 정벌하고 대승을 거두

장비묘

는 장면을 집중적으로 묘사했다. 뿐만 아니라 유비와 관우를 죽인 장본인들을 처단하는 것도 잊지 않았다.

그 가운데 첫 번째 인물은 반장潘璋으로 맥성에서 달아나려는 관우를 추격하여 죽음에 이르게 한 인물이다. 『삼국연의』에서는 유비에게 대패하고 도망치다 한밤중에 초당으로 들어갔다가 관우의 아들 관흥關興과 맞닥뜨려 죽임을 당하고 만다. 두 번째 인물은 반장의 부하로, 관우 부자를 직접 사로잡아 바쳤던 마충馬忠이다. 『삼국연의』에서 마충은 미방麋芳과 부사인傅士仁에게 암살당했다. 한때 손권에게 투항했던 미방과 부사인은 유비가 동벌에 나서자 또다시 마충의 수급을 베어 유비의 환심을 사려고 했지만 결국 관우의 영전 앞에서 능지처참당하고 만다. 당시 삼국 시대에는 능지처참이라는 형벌이 없었지만 나관중은 특별히 능지처참을 통해 관우의 한을 통쾌하게 풀고자 했다.

30

그 밖에 장비의 부하 장수였으나 그를 배반하고 죽인 범강范疆, 장달張達 역시 비극적인 최후를 맞았다. 이들은 손권에게 붙잡혀 촉한으로 압송된 뒤 능지처참당했다.

사실 이들의 죽음은 오로지『삼국연의』에만 존재한다.『삼국지』에 따르면 반장은 유비의 군사에게 대패당하지 않았다. 오히려 크나큰 공로를 세우고 평북平北장군으로 승진되어 양양襄陽태수로 임명되었다가 훗날 가화嘉禾3년234년에 병사했다. 마충의 최후에 대해서는 명확한 기록이 없다. 미방 역시 촉한에서 능지처참당하지 않았다.『삼국지. 오서吳書. 하제전賀齊傳』에 보면 미방은 오나라에 투항한 뒤 관직을 얻지 못했으나 그렇다고 강등당하거나 홀대를 받은 것도 아니었다. 그러나 여생이 그다지 떳떳하지 못했던 것으로 보인다.『삼국지. 오서. 우번전虞翻傳』에 보면, 미방이 탄 배가 대학자 우번虞翻이 탄 배와 마주치는 장면이 나온다. 장군이 탄 배를 위해 물길을 열라고 다그치자 우번은 대뜸 "충성심이라고는 눈곱만큼도 없는 자가 어찌 신하라고 할 수 있겠는가? 스스로 투항하여 지키고 있던 성을 버린 주제에 무슨 염치로 장군이라고 자처하는가?"라고 호되게 야단쳤다.

그 밖에 부사인과 범강, 장달의 최후는 불분명하다.

유아두劉阿斗의 재위 기간은?

흔히 유선劉禪이라 하면 사람들은 두 가지 단어를 떠올린다. 첫째는 민간의 속담으로 천하의 제갈량이 도와준대도 도무지 일으켜 세울 수 없다는 의미의

'무능아 아두'다. 둘째는 위나라에 항복한 뒤 안락공安樂公이라는 봉작에 만족하며 여생을 즐기느라 촉을 까맣게 까먹은 유선의 일화에서 유래한 '낙불사촉樂不思蜀'이라는 고사성어다.

위, 촉, 오 삼국을 비교해보면 유비와 유선 두 사람 뿐이었던 촉한의 황제 계보가 가장 간단하다.

유비는 서기 161년에 태어나 223년에 향년 예순셋의 나이로 죽었다. 그는 스물넷에 군사를 모아 세력을 키우기 시작했고 서른여덟에는 좌장군에 임명되었으며, 쉰아홉에는 한중왕에 올랐다가 마침내 예순하나에 황제로 즉위했다. 그러나 재위 기간은 221년부터 223년까지 겨우 2년뿐이었다.

서기 222년 유비는 대군을 이끌고 오나라를 정벌하러 나섰다. 하지만 이릉에서 오나라 장군 육손의 화공에 맞닥뜨려 대패하고 말았다. 이어서 병으로 드러눕게 된 유비는 서기 223년 제갈량과 이엄李嚴에게 아들을 부탁하고 숨을 거두었다. 『삼국지. 촉서. 후주전後主傳』은 당시 태자 유선의 나이가 열일곱이었다고 기록한다.

유선은 207년에 태어나서 271년에 향년 예순다섯의 나이로 죽었다.

서기 219년, 유비는 한중왕으로 오르면서 유선을 왕태자로 책봉했다. 그리고 221년 황제로 즉위한 뒤 유선을 황태자로 세웠다.

유선의 재위 기간은 223년부터 263년까지 무려

후주 유아두

40여 년에 달한다. 위나라에 항복한 뒤 안락공에 봉해진 유선은 낙양洛陽으로 옮겨 여생을 보냈다.

40여 년의 재위 기간 중 상반기에는 제갈량이 유선을 도와 국정을 다스렸다. 유선 역시 "정치는 제갈량이 맡고, 종묘제사는 과인이 책임진다"라고 말한 적이 있다. 제갈량이 죽고 난 뒤에는 장완蔣琬, 비위費褘, 강유姜維 등이 촉한의 정권을 장악했다. 그러므로 『삼국지. 촉서. 후주전』에 나오

조상의 사당에서 우는 유선

는 유선의 치적은 실상 이들 대신들의 공적이나 다름없다. 유선은 장비의 두 딸을 번갈아 부인으로 맞아들였다. 장비의 큰 딸이 15년 동안 황후로 있다가 죽자 장비의 둘째 딸을 후궁으로 맞이하고 훗날 황후로 봉한 뒤 함께 낙양으로 옮겨 갔다.

실질적으로 촉한의 국정을 책임지고 다스린 사람은 다름 아닌 제갈량이었다. 유비가 죽은 뒤 제갈량의 책임은 더욱 커질 수밖에 없었다. 『삼국지. 촉서. 제갈량전』에도 "정사의 대소사를 가리지 않고 제갈량이 모든 것을 다 처리했다"라고 기록되어 있다. 이렇듯 제갈량은 국정과 군사, 외교를 가리지 않고 모든 일을 관장했을 뿐만 아니라 수차례 북벌에 나서며 뼈가 가루가 되도록 충성을 바쳤다. 당초 제갈량이 유비를 보좌해주지 않았다면 유비는 과연 어떻게 되었을까?

조조편

조조는 왜 여백사 일가를 살해했을까?

　　조조가 여백사呂伯奢 일가를 죽인 것은 의심병으로 말미암은 잔인한 처단이었

　　을까, 아니면 목숨을 부지하기 위한 부득이한 결단이었을까?

"내가 천하를 저버릴지언정 천하가 나를 저버리게 하지는 않겠다!"

　이 말은 난세의 간웅이었던 조조를 상징하는 대표적인 명언이다. 『삼국연의』 제4회에서 여백사 일가 아홉 명을 살해한 조조를 진궁陳宮이 책망했을 때 조조가 항변하며 내뱉은 말이다.

　여백사 일가의 죽음에 관한 나관중의 묘사는 참으로 성공적이었다. 인물 관계는 물론이거니와 줄거리 구성 역시 여백사 일가족이 멸살되는 과정을 점진적으로 치밀하게 전개시켰다. 또한 섬세한 심리 묘사로 마치 눈앞에 조조가 살아 움직이는 듯한 생생한 느낌을 전달해주었다.

　조조가 여백사 일가를 죽인 일화는 진궁의 출현이 거짓인 것만을 제외하면 사료적 근거가 분명한 역사적 사실이다. 물론 진수의 『삼국지』는 아니다. 『삼국지. 위서. 무제기武帝紀』에는 조조의 살인에 대한 언

급은 없고 다만 "태조는 성과 이름을 바꾼 채 야간을 틈타 동쪽으로 돌아갔다"라고 기록되어 있다. 진수는 여백사 일가의 죽음을 언급하지 않았지만 다른 역사가들은 여러 곳에 관련 기록을 남겼다. 배송지는 이러한 사료를 인용하여 「무제기」에 주석을 달았는데 다음 세 가지로 나눈다.

첫째, 왕침王沈의 『위서』. "태조는 동탁董卓이 패망할 것이라 여겨 끝내 동탁을 찾아가지 않고 고향으로 도망쳤다. 고향으로 돌아가던 중 성고成皋 지방에 이르러 옛 친구인 여백사의 집에 들렀다. 공교롭게도 여백사는 없고 그의 아들과 빈객들이 합세하여 태조를 위협하고 말과 재물을 빼앗았다. 이에 태조는 칼을 빼들어 그들을 죽였다."

둘째, 곽반郭頒의 『세어世語』. "태조는 여백사의 집에 들렀다. 마침 여백사는 외출 중이었고 그의 다섯 아들이 예를 갖춰 태조를 맞이했다. 그러나 태조는 자신이 동탁의 명을 배신한 것을 빌미로 그들이 자기를 해칠까 봐 의심한 나머지 한밤중에 가솔 여덟 명을 죽이고 떠났다."

셋째, 손성孫盛의 『잡기雜記』. "태조는 식기 소리를 듣고 자기를 해치려는 소리라 생각하여 밤을 틈타 그들을 모조리 죽였다. 얼마 후 사태를 깨달은 태조는 '내가 천하를 저버릴지언정 천하가 나를 저버리게 하지는 않겠다!'라고 울분을 터뜨리며 길을 나섰다."

위의 기록들은 각자 관점이 다르다. 첫 번째는 말과 재물을 강탈당한 조조가 자신의 목숨을 부지

진궁

하기 위해 혹은 보복 차원에서 살인을 했기 때문에 그의 잘못이 아닌 셈이다. 하지만 두 번째와 세 번째는 의심 끝에 저지른 살인으로 조조의 잔인한 면모가 드러난다.

사학자 궈모뤄는 '체조조변안替曹操飜案'이라는 토론에서 첫 번째 기록이 비교적 신뢰할 만한 내용이라고 주장한다. 그 이유가 무엇인지는 좀더 탐구해 볼 필요가 있지만 여기서 짚고 넘어가야 할 점이 있다. 나관중은 왜 조조가 신변의 안위를 지키기 위해 부득이하게 살인을 했다는 첫 번째 기록을 차용하지 않았을까?『삼국연의』에서는 조조가 지나친 의심으로 여백사 일가를 모조리 살인한다. 또한 허구의 인물인 진궁까지 등장해서 조조의 잔혹한 살인 장면을 목격하게 만든다. 사실 여기에는 나관중 나름대로의 의도가 있었다. 즉 의심이 많고 잔혹한 조조의 성격을 부각시키기 위해서였던 것이다. 특히 조조의 처세 원칙을 요약해주는 '내가 천하를 저버릴지언정 천하가 나를 저버리게 하지는 않겠다!'라는 말을 삽입하여 조조의 비정한 이미지를 완벽하게 구축했다.

조조에 관한 더 많은 역사적 기록을 알고 싶다면「조만전曹瞞傳」을 주의 깊게 볼 필요가 있는데, 다음 장에서 살펴보기로 하자.

나관중은 「조만전」의 어느 일화를 차용했는가?

진수의『삼국지. 위서. 무제기』와는 달리 무명씨의「조만전」은 지금까지도 보존되어 있다. 이 책에서 우리는 조조의 또 다른 진실한 면모를 발견할 수 있다.

「조만전」에는 매우 흥미로운 내용이 담겨 있다. 이 책의 저자는 '오나라 인' 혹은 '무명씨'라고 알려져 있을 뿐 누구인지는 정확하지가 않다.

「조만전」에서 조조에 관한 다음 몇 가지 일화를 추려볼 수 있다.

하나, 꾀병으로 숙부를 속이다

조조는 어린 시절 그의 숙부를 속이고 거짓으로 중풍에 걸린 척 꾀병을 부렸다. 이유는 자신의 잘못을 일러바치는 숙부의 말을 아버지가 더 이상 믿지 못하도록 만들기 위해서였다.

조조의 아버지 조숭曹嵩은 하후씨의 아들로 하후돈夏侯惇의 숙부였다. 조조는 어려서부터 매를 날리고 개와 달리기를 하며 노는 것을 좋아했다. 그 방탕함이 정도를 넘어서자 숙부는 조조의 행실을 조숭에게 수차례 일러바쳤다. 이를 못마땅하게 여기던 조조는 어느 날 길에서 숙부를 만나자 일부러 얼굴을 일그러뜨리며 입이 비뚤어진 것처럼 행세했다. 이를 괴이하게 여긴 숙부가 까닭을 묻자 조조는 "갑자기 중풍이 들었습니다"라고 대답했다. 숙부는 이러한 사실을 곧장 조숭에게 알렸다. 깜짝 놀란 조숭이 조조를 불렀는데, 이게 웬일인가? 조조의 입모양은 정상이었다. 조숭은 의아해하며 "숙부가 이르기를 네가 중풍이 들었다고 하던데 이미 나았느냐?"라고 물었다. 그러자 조조는 천연덕스럽게 "처음부터 중풍에 걸리지 않았습니다. 다만 숙부님이 저를 미워하여 상심했을 뿐입니다"라고 대답했다. 이후 아우의 말을 의심하게 된 조숭은 그가 일러바치는 이야기를 믿지 않게 되었고, 조조의 방탕함은 더욱 기승을 부렸다.

둘, 건석의 숙부를 몽둥이로 때려죽이다

당시 조조가 현위縣尉로 임명되었을 때다. 조조는 성문의 양쪽에 오색으로 칠한 몽둥이를 각각 10개씩 걸어놓고 금령을 범하는 자가 있으면 문벌귀족을 가리지 않고 모조리 때려죽이겠다고 선포했다. 당시 영제靈帝가 총애하는 소황문小黃門 건석蹇碩이라는 환관이 있었다. 그의 숙부는 조카의 위세를 믿고 주색잡기에 빠져 통행금지를 밥 먹듯이 어겼다. 이에 조조는 그를 심한 매질로 다스려 때려죽이고 말았다. 건석이 제아무리 기세등등해도 조조의 준엄한 법 집행에는 꼬투리를 잡을 만한 구석이 없었다. 이 소문은 삽시간에 퍼졌고 이후로 법을 어기는 사람이 사라졌다.

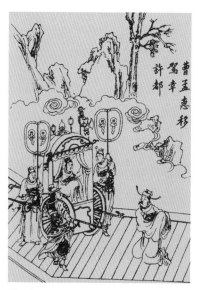

천도하는 조조

패하여 장수를 잃는 원본초袁本初

셋, 허유가 조조에게 계책을 진언하다

원소의 책사였던 허유許攸가 조조를 찾아왔다. 그는 원소군의 병참기지인 오소烏巢의 수비가 허술하다는 사실을 귀뜸해주고 기습할 방법을 진언했다.

처음 허유가 왔다는 말을 들은 조조는 맨발로 나가 맞으며 손뼉을 치고 웃었다. "자원子遠, 허유의자, 경이 왔으니 나의 일은 이루어지겠구려!" 허유는 자리를 잡고 앉은 뒤 조조에게 말했다. "원소의 군사가 막강한데 어찌 대적하시렵니까? 지금 남아 있는 군량미가 얼마나 됩니까?" 이에 조조가 "1년은 버틸 만하오"라고 둘러댔다. 허유는 고개를 가로저으며 "그럴 리 없습니다. 다시 말씀해 보십시오!"라고 다그쳤다. 그러자 조조는 "가히 반년은 버틸 만하오"라고 대답했다. 이에 허유가 "공은 원소를 깨뜨리고 싶지 않으십니까? 어찌 사실대로 말하지 않습니까?"라고 재차 다그치자 조조는 그제야 솔직히 털어놓았다. "이제까지 한 말은 거짓이오. 실은 한 달 치 식량밖에 없으니 어찌하면 좋겠소?" 그러자 허유가 기발한 계책을 알려주었다. "공은 지금 홀로 병사를 거느린 데다 외부의 지원군은커녕 군량미마저 바닥났으니 참으로 위급한 상황입니다. 지금 원소의 군수품 만 수레가 고시故市와 오소에 있는데 주둔군의 방비가 허술합니다. 정예병을 뽑아 불시에 습격하여 쌓아놓은 군량미를 불살라 버린다면 사흘을 넘지 못하고 원소 스스로 무너질 것입니다."

이에 조조는 크게 기뻐해 마지않았다. 조조는 서둘러 정예군을 뽑아서 원소군의 깃발로 위장시킨 뒤 말에 재갈을 물리고 땔나무를 실어 야밤에 출병했다. 지나는 길에 사람들이 물으면 "원소 장군께서 조조

수염을 자르고 홍포를 벗어던진 채 도망가는
조조

군의 습격에 대비하여 군사를 보낸 것이다"라고 거짓으로 속였다. 오소에 도착한 조조의 정예군이 군영을 포위하고 큰 불을 지르자 군영 내의 군사들이 삽시간에 혼비백산했다. 이를 틈타 군영을 대파한 조조군은 군량미와 재물을 모두 불사르고 휴원진睢元進, 한거자韓莒子, 여위황呂威璜, 조예趙叡 등을 참수했다. 수장 순우경淳于瓊은 코를 자르되 죽이지는 않았다. 대신 병사 천여 명을 죽여 코를 자르고, 소와 말의 입술과 혀를 잘라 원소군에게 보여주자 모두 경악하여 겁에 질렸다.

조조는 밤에 순우경을 불러 휘하로 들어오도록 설득하며 물었다. "어쩌다가 이같이 되었소?" 그러자 순우경은 "무릇 승패란 하늘에 달린 일이거늘 무엇 하러 묻는단 말이오!"라고 대답했다. 조조는 순우경을 죽이고 싶지 않았지만 곁에 있던 허유가 "내일 아침 일어나 거울에 비친 자신의 모습을 보면 코가 잘린 원한을 결코 잊지 못하고 복수를 꾀할 것입니다"라고 충고하자 결국 순우경을 죽이고 말았다.

넷, 언로를 넓히다

처음 조조가 오환烏丸을 정벌하려 하자 오로지 곽가만이 찬성하였다.

40

결국 조조는 많은 신하들의 반대를 무릅쓰고 출병하여 유성柳城에서 대승을 거두었다. 그러나 북벌을 끝내고 돌아오는 길은 고난의 연속이었다. 당시 한겨울인 데다 가뭄까지 들어 사방 200리 안에서 물을 찾기가 어려웠고 군량미까지 바닥났던 것이다. 말 수천 필을 죽여 끼니를 때우고 땅 30여 길을 파서 물을 구해 마시며 천신만고 끝에 겨우 돌아올 수 있었다. 조조는 돌아오자마자 당시 출정을 반대했던 사람들을 모두 불러 모았고 영문을 알 수 없었던 신하들은 두려움에 떨었다. 그런데 뜻밖에도 조조는 "이번 북벌은 아주 위험했소. 요행히도 하늘이 도와서 승전할 수 있었소. 여러 군신들의 반대와 충고가 있었기에 그만큼 만반의 준비를 세워 승리를 거둘 수 있었으니 이에 상을 내리는 것이오. 앞으로도 거리낌 없이 그대들의 의견을 간언해주시오"라고 말하며 후한 상을 내렸는데, 이는 언로를 넓히기 위해서였다.

다섯, 포판蒲坂에서 습격을 당하다

당시 서역 정벌에 나섰던 조조는 동관潼關에서 마초馬超와 대치했다. 조조는 야밤을 틈타 서황徐晃과 주령朱靈 등에게 포판 진을 건너 하서河西에 군영을 세우도록 명령했다. 그리고 자신은 동관 북쪽에서 강을 건너기로 했다. 군사들이 먼저 강을 건너는 동안 조조는 정예병을 이끌고 후방을 지키는데 마침 마초가 이끄는 군사가 추격해왔다. 다급해진 부하 장수들은 황급히 조조를 배에 태우고 출발했다. 물살이 세서 4~5리 정도를 떠내려가는데 마초가 추격해오며 쏘는 화살이 비처럼 쏟아져 내렸다. 먼저 강을 건넜던 장수들은 조조가 공격받는 모습을 보며 겁에 질렸다. 그런데 어느 새 강을 다 건넌 조조는 오히려 큰 소리로 "오늘 하잘것없는 역적 놈 때문에 애 좀 먹었구나!"라고 껄껄거렸다.

여섯, 얼음성을 세우다

당시 조조는 위하渭河를 건너 토성을 세워 교두보를 만들려고 했다. 대치 상태에 있던 마초가 이를 가만히 내버려둘 리가 없었다. 조조의 병사들이 토성 쌓는 것을 지켜보다가 토성이 절반쯤 이루어지면 철기병을 동원하여 짓밟아 무너뜨리기를 거듭했다. 게다가 흙이 단단하지 않고 모래가 많이 섞여 있어서 조금만 충돌하면 부서져 내렸기 때문에 도무지 성을 쌓아올릴 수가 없었다. 이때 누규婁圭가 조조에게 기발한 제안을 했다.

"지금 날씨는 쌀쌀해지고 바람은 점차 크게 일기 시작합니다. 쌀쌀한 날씨가 한동안 계속될 것이니 이때를 틈타 흙모래로 토성을 쌓고 그 위에 물을 뿌려놓으십시오. 하룻밤이면 얼음성이 될 것이니 제아무리 수많은 군마가 덤벼들어도 꿈쩍도 하지 않을 것입니다."

조조는 누규의 제안에 따라 토성을 쌓고 물을 뿌렸다. 과연 하룻밤 사이에 단단한 얼음성이 세워졌다.

일곱, 복황후를 죽이다

당시 황후 복伏씨가 부친인 전 둔기교위屯騎校尉 복완伏完에게 서신을 보내 "동승董承이 사살된 일 때문에 황제가 조조에게 원한을 품고 있다"라고 했다. 그 표현이 매우 심하여 조조에게 발각되자마자 그는 화흠華歆을 보내 군사를 이끌고 궁으로 들어가 황후를 잡아오게 했다. 황후는 문을 닫고 벽장에 숨었으나 이내 화흠이 문을 부수고 벽장에서 황후를 끌어냈다. 이때 황제는 어사대부御史大夫 치려郗慮와 함께 앉아 있었는데, 황후가 머리를 풀어헤친 채 맨발로 걸어가다 황제의 손을 붙잡았다. "다시 살아날 수 있겠습니까?"라고 하소연하자 황제는 "나 또한 언제 죽을지 모르오"라고 대답했다. 이어서 황제는 치려를 돌아보며 "치공, 천하에 어찌 이런 일이 있소!"라고 한탄했다. 마침내 황후는 죽임을 당하고 이어서 황후의 아버지 복완과 삼족이 죽임을 당했는데 이때 죽은 이가 수백 명에 이르렀다.

여덟, 관직에 추천하던 옛일을 회고하다

과거 조조는 상서우승尚書右丞 사마방司馬防의 추천으로 관직에 오른 적이 있었다. 왕위에 오른 조조는 건공建公, 사마방의 자을 불러 연회를 베풀었다. 조조가 과거를 회상하며 "내 지금이라도 다시 북부위北部尉를 맡는다면 어떨 것 같소?"라고 물었다. 그러자 건공은 "제가 천거할 당시 대왕께서는 고작 북부위 벼슬이나 맡을 만한 위인에 불과했습니다"라고 대답했다. 이에 조조는 껄껄거리며 파안대소했다.

아홉, 하후돈의 죽음

당시 환계桓階가 조조에게 황제에 즉위할 것을 권하자 하후돈이 가로막으며 먼저 촉나라를 멸망시키는 것이 우선이라고 주장했다. 촉나라가 망하면 오나라도 저절로 복종하게 될 테니 두 나라를 모두 평정한 뒤 황위에 오르는 것이 옳다고 조조를 설득했던 것이다. 그러나 하후돈의 의견을 따르려고 했던 조조가 황제가 되기도 전에 갑작스레 죽자 이를 애석하게 여기던 하후돈도 끝내 병에 걸려 죽고 말았다.

열, 법률을 준엄하게 집행하다

조조는 그 사람됨이 경박하여 위엄이 없고 음악을 좋아해 항상 창우唱優, 노래와 춤을 추는 예인를 옆에 두고 밤낮으로 즐겼다. 경초輕綃, 생사로 만든 가벼운 옷를 입고 몸에는 수건이나 잡다한 물건들을 넣는 작은 가죽 주머니를 차고 다녔으며, 때때로 관모를 쓴 채 빈객을 맞이하기도 했다. 사람들과 이야기를 나눌 때는 농담을 즐겨하며 숨기는 것이 없었고, 크게 웃을 때는 머리가 탁자에 처박혀 술안주와 반찬으로 관모가 더럽혀질 지경에 이르렀으니, 그 경박함이 어느 정도인지 상상하고도 남음이 있다. 하지만 샘이 많고 질투심이 강하며 가혹해서 여러 장수들 중 자신보다 뛰어난 계책을 내놓는 자가 있으면 어김없이 법을 핑계로 죽였다. 또한 예전에 알던 사람이라도 오래된 원한이 있으면 반드시 죽여서 하나도 남겨두지 않았다. 처형할 때는 번번이 눈물을 흘리며 애통해하면서도 끝내 살려두는 법이 없었다.

원충袁忠이 패상沛相, 패국의 재상이었을 때 조조를 법으로 다스리려 했고, 또한 패국의 환소桓邵가 조조를 업신여겼던 일이 있었다. 또한 변양邊讓은 조조가 연주목兗州牧이 되었을 때 귀에 거슬리는 말을 하여 심기를 건드린 적이 있었다. 이에 조조가 변양을 죽이고 그 집안을 멸족하자 겁에 질린 원충과 환소는 교주로 도망쳤다. 그러나 조조는 사섭士燮을 보내 그들 모두를 죽이도록 했다. 이에 환소가 자수하여 뜰에서 절하며 사죄하자 조조는 "무릎을 꿇는다 한들 죽음을 면할 수 있겠는가?"라며 끝내 죽이고 말았다.

열하나, 처벌 대신 머리를 자르다

군사를 출병하여 보리밭을 가로질러 갈 때였다. 조조는 "군졸들은 보리를 망치지 말라. 이를 어기는 자는 사형에 처하겠다"라고 명령했다. 그러자 기병들은 모두 말에서 내려 보리에 바짝 붙어서 조심스레 지나가기 시작했다. 그런데 갑자기 조조의 말이 날뛰다 그만 보리밭으로 뛰어들고 말았다. 이에 조조는 주부主簿에게 명해 그 죄를 논의하게 했는데, 주부가 "춘추에 따르면 존귀한 자에게는 죄가 미치지 않는다고 했습니다"라고 대답했다. 이에 조조는 "법을 제정해놓고 스스로 어겼으니 어찌 아랫사람을 통솔할 수 있겠는가? 하지만 나는 군의 우두머리이므로 죽을 수 없으니 대신 형벌받기를 자청하노라"라고 말하며 검으로 자신의 머리카락을 잘라 땅에 놓았다.

열둘, 애첩을 죽여 위엄을 세우다

조조에게는 낮잠 잘 때마다 시중을 드는 애첩이 있었다. 어느 날 조조가 베개를 베고 누우며 "조금 있다가 나를 깨워라"고 말하고는 이내 잠이 들었다. 그러나 애첩은 곤히 잠들어 있는 조조의 모습을 보고 차마 깨우지 못해 그대로 뒀다. 잠시 뒤 스스로 잠에서 깬 조조는 자신을 깨우지 않은 애첩을 몽둥이로 때려죽였다.

조조가 총애하는 애첩을 때려죽인 것은 제때에 자기를 깨우지 않아서가 아니라, 주위 사람들에게 자신의 명을 어기지 못하도록 주의를 주기 위해서였다.

열셋, 양관, 군사들을 속이다

당시 적을 토벌할 때는 항상 군량미가 부족했다. 어느 날, 조조가 양관 糧官, 군량미를 담당하는 관원에게 "군량미 사정이 어떠한가?"라고 은밀히 물었다. 그러자 양관이 "작은 곡斛, 10말 용량의 용기으로 양을 속이면 지금 있는 군량미로도 충당할 수 있을 것입니다"라고 대답했다. 이에 조조는 "좋다"라고 수락했다.

하지만 얼마 뒤 군영 내에서 조조가 군사들을 속인다는 풍문이 돌자 조조는 양관을 불러들였다. "특별히 그대를 죽여 군사들을 진정시켜야겠다. 그렇지 않으면 이 소요가 가라앉지 않을 것이다." 그러고는 양관의 수급을 잘라 그 이마에 '작은 곡을 써서 군량미를 도적질한 죄로 참수하다'라고 죄목을 썼다. 조조의 잔인하고 간교함이 모두 이와 같았다.

위의 열세 가지 일화에서 볼 수 있듯이 「조만전」의 기록들은 『삼국지』의 기록과 큰 차이가 있다.

진수가 『삼국지』에서 위나라의 역사를 기록할 때는 주로 왕침의 『위서』48권과 어환魚豢의 『위략魏略』을 참조했다. 진수는 위나라를 계승한 진晉대 사람이므로 『삼국지』에서 조조를 역사의 정통 계승자로 삼았던 것이다. 그래서 진수는 「조만전」에 실린 조조의 부정적인 일화를 외면했을 가능성이 크다. 이에 비해 비교적 자유로운 입장이었던 배송지는 아무런 가감 없이 「조만전」의 내용을 인용했다.

더 나아가 유비를 정통 계승자로 여기던 나관중은 『삼국연의』를 창작하는 데 필요한 많은 소재를 「조만전」에서 얻었다.

그런데『삼국지』와「조만전」둘 다 누락한 흥미로운 일화가 하나 있다. 바로 조조가 자신의 호위병으로 변장했던 일화다.

조조는 왜 호위병으로 변장했을까?

『세설신어世說新語』에는 조조가 흉노의 사신을 죽인 뜻밖의 이야기가 실려 있다.

이는 아주 흥미진진한 한 편의 단막극으로『삼국연의』에는 이렇게 묘사되어 있다.

"흉노匈奴의 사신이 찾아왔을 때였다. 조조는 일부러 최염崔琰을 왕으로 꾸며 사신을 접견하게 하고 자신은 호위병으로 변장한 채 그 옆에 시립했다. 접견이 끝난 뒤에 조조는 사람을 시켜 '위나라 왕의 인상이 어땠느냐'며 사신의 속내를 떠보았다. 이에 사신은 '위나라 왕은 매우 아량이 넓어 보이고 풍채가 훌륭하더이다. 허나 옥좌 옆에 시립하고 있던 호위병이야말로 진정한 영웅호걸 같았소'라고 대답했다. 이 말을 전해들은 조조는 당장에 부하를 시켜 사신을 죽여버렸다."

나관중은 사료에 기초하여 위의 일화를『삼국연의』에 담았다. 그러나 그 사료적 근거는『삼국지』도「조만전」도 아니었다. 진수는 조조의 처세술을 기피했기 때문에 위의 일화가 사실이었다고 해도 일부러 삭제했을 것이다. 또한「조만전」은 한 세대를 풍미한 간웅 조조의 면모를 전혀 다른 시각으로 기술했지만 위의 일화를 기록하지 않았다.

시기적으로 볼 때, 위의 일화는「조만전」이 나온 이후부터 세간에 널리 퍼진 것으로 추정된다. 이후 남송南宋의 유의경劉義慶이 『세설신어』의 「용지편容止篇」에 이 이야기를 실었는데 그 원문의 내용은 다음과 같다.

"위나라 무왕 조조는 흉노의 사신이 접견을 청하자 혹시나 자신의 추한 외모가 왕의 위엄을 드높이지 못할까 봐 일부러 최염을 왕으로 꾸미게 했다. 그리고 자신은 호위병으로 변장하고 그 옆에 시립했다. 접견이 끝나자 첩자를 보내 사신의 의중을 떠보도록 시켰다. 관원으로 위장한 첩자가 '보시기에 위나라 왕이 어떤 것 같습니까?'라고 묻자 흉노의 사신은 이렇게 대답했다. '위나라 왕은 아주 아량이 넓고 풍채가 훌륭하더이다. 허나 옥좌 옆에 시립하고 있던 호위병이야말로 진정한 영웅호걸 같았소.' 이 말을 전해들은 조조는 부하를 시켜 사신의 목을 베어버렸다."

그렇다면 위의 일화에 등장하는 최염의 실제 이미지는 과연 어떠했을까? 『삼국지. 위서. 최염전崔琰傳』에는 이렇게 기술하고 있다.

"최염은 목소리가 우렁차고 수려한 용모를 자랑했다. 게다가 수염의 길이가 4척이나 되는 탓에 그 위엄이 대단했다. 조정 대신이 모두 그를 우러러보니 조조 역시 그를 두려워했다."

조조가 최염을 왕으로 꾸며 자신을 대신하도록 한 것은 흉노의 사신에게 위풍당당한 왕의 위용을 과시하기 위해서인 듯 보인다. 하지만 단지 그 목적뿐이었을까? 그렇다면 조조는 왜 구태여 직접 호위병으로 변장하고 접견 장소에 함께 있었을까? 사실은 흉노 사신의 접견 자리에 참석해 직접 그를 관찰하려고 한 것이었다.

이로 미뤄보건대, 조조가 호위병으로 변장한 데는 두 가지 숨은 의

도가 있다는 것을 알 수 있다. 첫째, 조조는 자신을 대신해 최염을 내세움으로써 흉노족에 위풍당당한 위나라 왕의 위엄을 과시하고자 했다. 둘째, 조조는 본시 의심이 많아 흉노의 사신이 자객으로 돌변할 변수를 염두에 두고도 남을 위인이었다. 그럴 경우 최염을 가짜 왕으로 내세우면 자기 목숨을 보전하고 평소 마땅찮아하던 최염을 일순간에 제거할 좋은 기회가 되었다. 결국 최염은 훗날

의대조衣帶詔를 받드는 동승

조조의 손에 목숨을 잃는다.

그러나 여기에서 조조가 예상치 못한 점이 있었다. 사신의 안목이 보통이 아니었다는 사실이다. 물론 사신은 각각 왕과 호위병으로 변장한 최염과 조조의 실체를 깨닫지 못했다. 하지만 호위병으로 변장한 조조의 모습에서 범상치 않은 영웅의 기개를 파악했다. 조조는 이렇게 자신을 알아주는 사신의 날카로운 안목에 기뻐하기보다는 오히려 불쾌하게 여기고 바로 그의 목숨을 빼앗았다. 여기에서 우리는 평소 의심과 시기심이 많고 도통 속내를 종잡을 수 없이 음흉한 조조의 사람 됨됨이를 여실히 들여다볼 수 있다.

위의 사료는 훗날 예술 창작인들의 단골 메뉴가 되었다. 여기에 생동감 넘치는 필치로 간단명료하게 기술된 『세설신어』 원문의 빼어남

을 빼놓지 않을 수 없다. 『세설신어』는 전형적인 초단편 소설의 면모를 유감없이 발휘해 마치 조조가 직접 공연한 한 편의 단막극을 보는 듯 생생하게 이야기를 전해준다.

진림의 글이 어떻게 해서 조조의 두통을 고쳐주었을까?

가슴을 뻥 뚫을 만큼 신랄하고 거침없는 내용의 격문을 읽고 난 조조는 그만 모골이 송연해지고 말았다.

이 문제는 당연히 진림陳琳의 글과 관련이 있다. 그렇다면 진림은 어떤 글들을 썼을까?

진림은 자는 공장孔璋이며, 문학사상 유명한 건안칠자建安七子, 후한 말 헌제의 마지막 연호 '건안' 대에 활약한 뛰어난 일곱 명의 문장가 가운데 한 명이다. 생년 월일은 미상이고 다만 서기 217년에 죽은 것만 확인할 수 있다. 일반적으로 광릉廣陵 출신으로 널리 알려졌지만 『삼국지. 위서. 장홍전臧洪傳』에 나와 있듯이 실은 지금의 장쑤 성 서양射陽 출신이다.

진림은 일찍이 대장군 하진何進의 주부로 훗날 원소 수하로 들어갔다. 『삼국연의』 제22회를 보면 원소는 조조를 토벌하기 위해 진림에게 격문을 쓰게 한다. 이 격문은 각 지역의 주군州郡에 두루 뿌려져 관문과 요충지마다 붙여졌다. 이때 허도許都에 있던 조조는 두통을 앓고 있었는데, 이 격문을 보고서 "모골이 송연해지며 온몸에 식은땀이 흐르더니 자신도 모르게 두통이 나아버렸다"라고 말한 바 있다.

두통을 낫게 할 정도로 대단한 글 속에는 과연 어떤 내용이 담겨 있었을까? 다행히 나관중은 진림의 격문을 단 한 글자도 빠짐없이 『삼국연의』에 그대로 옮겨 놓았다. 진림은 조조의 조부를 '역적'이라고 통렬하게 비판했을 뿐만 아니라 발구중랑장發丘中郞將과 모금교위摸金校尉라는 벼슬까지 만들어 도처에 분묘를 파헤치고, 재물을 강탈하도록 시킨 짓 등 조조의 악행을 열거했다. 그야말로 읽는 이마다 탄사를 연발할 정도로 신랄하고 통쾌한 격문이었다. 훗날 원소를 격퇴한 조조는 진림의 재능을 아깝게 여겨 그의 죄를 추궁하지 않았다.

나관중은 『삼국연의』에서 조조를 토벌하기 위해 진림이 썼던 격문을 싣는 동시에 조조의 두통을 언급했는데, 둘 다 사료적 근거가 있는 사실이다. 다만 소설의 내용 전개상 약간 수정을 가했다.

첫째, 원소가 진림에게 격문을 쓰도록 한 목적은 사실 조조가 아닌 유비에게 보여주기 위해서였다. 『위원소격예주爲袁紹檄豫州』의 머리말에는 "좌장군은 예주자사 유비에게 군국郡國을 지킬 것을 명하노라"고 적혀 있다. 나관중은 이를 일부러 삭제한 것이다.

둘째, 진림의 격문과 조조의 두통은 아무런 관련이 없다.

『삼국지. 위서. 진림전陳琳傳』에서 배송지가 인용한 『전략典略』에 따르면 조조는 진림의 글을 무척이나 아꼈다고 한다. 그래서 두통이 있을 때 진림의 글을 읽으면 어느새 통증이 사라졌다고 전해진다. 그러나 이는 진림이 조조의 수하로

진림

연화 〈건안칠자〉

들어와 격문을 쓰고 난 뒤의 일이다.

　나관중은 소설에 긴박감을 더하고 극이 더욱 흥미롭게 전개되도록 하고자 『전략』에 실린 조조의 두통에 관한 일화를 차용하면서 그 시점을 일부러 앞당겨 삽입했다. 즉 진림이 원소를 대신해 격문을 썼던 시점으로 옮긴 것이다. 이는 매우 지혜로운 방법이었다. 역사적 사실의 관점에서 봤을 때 이러한 시점 이동은 그리 큰 문제가 되지 않을뿐더러 오히려 독자들에게 조조의 두통을 인상적으로 각인시켜 주는 역할을 했다. 역사소설 창작 면에서 오히려 귀감이 되는 창작 수법이라고 할 수 있을 것이다.

　그렇다면 군사가이자 전략가로서의 조조는 어땠을까? 다음 장에서 살펴보자.

조조는 어떻게 양평관을 빼앗았는가?

조조는 뛰어난 책략가였을 뿐만 아니라 노련한 군사 전략가였다.

『삼국연의』제67회에서 조조는 마초를 격파한 뒤 병력을 강화하여 남쪽 정벌에 나선다. 이때 하후돈이 "먼저 한중의 장로張魯를 쳐서 승전을 거둔 뒤 그 기세를 몰아 촉을 취하는 것이 낫습니다"라고 건의했다. 이에 조조는 곧장 한중을 공략했다.

백마하白馬河가 한수漢水로 유입되는 지역에 위치한 양평관陽平關은 사천四川과 섬서陝西 지역을 잇는 교통의 요충지였다. 대군을 이끌고 출정한 조조는 먼저 하후연夏侯淵과 장합張郃으로 하여금 한중의 대문인 양평관을 공격하게 했다. 그러나 양평관은 본시 지세가 험악하여 수비에 유리하고 공격에 취약한 천연의 요새였다. 하후연과 장합의 군대가 양평관 근처에 도달했을 때는 이미 사람과 말 모두 지친 상태였다. 자연히 경계가 허술해진 틈에 야간 기습을 받아 대패하고 말았다.

뒤이어 도착한 조조는 양평관의 지형을 살펴보고서 이내 탄식하고 말았다. "이곳이 이처럼 험악한 줄 알았다면 결코 군사를 일으키지 않았을 것이다."

허저許褚, 서황과 함께 양평관의 지형을 살펴보던 조조는 또다시 복병의 공격을 받았다. 이후 쌍

가후

방은 교전을 하지 않은 채 약 50여 일 동안 대치 상태를 지속했다.

조조는 이렇듯 불리한 전세를 만회하기 위해 갑작스레 철군을 명령했다. 뜻밖의 명령에 깜짝 놀란 책사 가후賈詡가 물었다.

"적의 형세가 아직 강한지 약한지도 모르는데 주군께서는 어찌 스스로 물러나려고 하십니까?" 그러자 조조는 자신의 계획을 말했다. "내가 보기에 적병이 철통같이 방비를 하고 있으니 빠른 시일 내에 승리를 거두기는 힘들 것 같소. 일단 거짓으로 철군하는 척했다가 적이 방심하는 사이 기병을 동원해 기습한다면 분명 승리를 거둘 수 있을 것이오."

과연 조조의 예측은 들어맞았다. 조조군이 철군하자 적군은 안심하고 경계를 소홀히 하기 시작했다. 이 틈을 타서 조조는 하후연과 장합에게 기병 3천 명을 주어 양평관 뒤쪽을 기습하도록 은밀하게 지시하고, 자신은 대군을 이끌고 정면 공격을 가했다. 양쪽에서 협공한 끝에 마침내 양평관을 함락시킬 수 있었다.

조조의 전략은 지략이 뛰어나기로 유명했던 책사 가후조차 생각하지 못했던 기발한 아이디어였다. 이렇듯 교묘한 전략으로 양평관을 점령한 것은 군사 전략가인 조조의 일면을 보여주는 대표적 사례라고 할 수 있다.

그렇다면 조조의 양평관 격파는 사료적 근거가 있는 실제 사건이었을까?『삼국지. 위서. 무제기』에는 다음과 같은 기록이 있다.

조창

"건안建安20년215년 7월, 조조가 양평관에 이르자 장

54

경극 〈양평관〉

로는 아우 장위張衛와 양앙楊昂을 파견하여 양평관을 지키게 했다. 장위
와 양앙은 산을 가로질러 10여 리에 걸쳐 성을 쌓고 양평관을 철통같
이 방비했다. 조조는 수차례 공격했지만 함락되지 않자 군사들을 퇴
각시켰다. 장위와 양앙은 조조군이 퇴각하는 것을 보고 경계를 소홀
히 하기 시작했다. 이때 조조는 은밀히 해표解剽와 고조高祚를 파견하며
험한 산길을 통해 야밤에 급습하게 하여 적군을 격파했다."

　이를 통해 『삼국연의』는 「무제기」를 근거로 삼았음을 알 수 있다.
다만 나관중은 일부러 해표와 고조 두 사람 대신 하후연과 장합으로
인물을 바꿔치기했다. 또한 짤막한 역사 기록을 흥미진진한 사건으로
재탄생시켜 조조의 뛰어난 전략과 용병술을 집중적으로 묘사했다. 덕
분에 양평관 전투는 역사적 사실에 부합하면서도 매우 흥미진진하고
실감나는 일화로 더욱 빛을 발하게 되었다.

조조의 자녀는?

조조는 뛰어난 정치가이자 군사가, 문학가인 동시에 수많은 자녀의 아버지였다.

조조의 아들 가운데 가장 널리 알려진 인물은 조비曹조와 조식曹植이다. 조비는 훗날의 위 문제文帝이며, 조식은 '칠보시七步詩' 등으로 유명한 뛰어난 문인이었다. 조비와 조식 이외에도 조조는 스물세 명의 아들이 있었다. 역사서에는 조조 슬하에 총 스물다섯 명의 아들과 딸이 있었다고 기록되어 있다.

조조의 아들에 대한 기록은 『삼국지. 위서. 무제기』, 「문제기文帝紀」, 「조창전曹彰傳」, 「조식전曹植傳」 등에 비교적 정확하게 남아 있다. 동복형제끼리 정리하면 다음과 같다.

장수

- 변卞황후 4남-조비, 조창曹彰, 조식, 조웅曹熊
- 유劉부인-조앙曹昂, 조삭曹鑠
- 환環부인-조충曹沖, 조거曹據, 조우曹宇
- 두杜부인-조림曹林, 조곤曹袞
- 진秦부인-조현曹玹, 조준曹峻
- 윤尹부인-조구曹矩
- 왕王소의-조간曹幹
- 손孫희-조상曹上, 조표曹彪, 조근曹勤
- 이李희-조승曹乘, 조정曹整, 조경曹京
- 주周희-조균曹均

- 유劉희-조극曹棘
- 송宋희-조휘曹徽
- 조趙희-조무曹茂

이상 스물다섯 명의 아들 가운데 조비는 태자로 봉해졌다가 훗날 제위에 올랐기 때문에 변황후 소생의 네 아들을 맨 앞에 나열했다.

사실 조비는 조조의 큰아들이 아닌 셋째 아들이었다. 조비보다 몇년 앞서 태어난 조앙이 큰아들로, 유부인의 소생이다. 조앙은 일찍이 남쪽의 장수張繡를 토벌하러 갔을 때 전쟁터에서 쏟아지는 화살에 목숨을 잃고 말았다. 『삼국지. 위서. 무제기』에 따르면 그때가 서기 197년으로 조조의 나이는 마흔두 살이었다. 당시 조비는 열 살에 불과했지만 말 타는 기술이 뛰어나서 다행히 화를 면할 수 있었다고 한다.

조조의 여러 아들 가운데 요절한 아들도 적잖다. 가령 조웅, 조삭, 조구, 조상, 조근, 조경, 조극, 조승 등이 모두 일찍 죽었다. 그 가운데 조충은 어린 시절부터 매우 똑똑하여 조조의 총애를 받았지만 안타깝게도 열세 살 때 요절했다. 훗날 누군가가 조충의 '코끼리 몸무게 재기' 일화를 기록했는데 이는 오늘날까지 널리 알려져 오고 있다.

그 밖에도 조조에게는 여러 명의 딸이 있었지만 그다지 명확한 기록이 없다. 다만, 공주 세 명의 기록만이 남아 있는데 다음과 같다.

"청하清河공주. 조조의 사촌형제 하후돈의 아들 하후무夏侯楙와 결혼했다. 하후무는 문제 시절에 안서安西

조비

장군으로 임명되었고, 명제明帝 시절에 상서尙書직에 올랐다.『삼국지. 위서. 하후돈전夏候惇傳』

조식

안양安陽공주. 순운荀惲과 결혼했다. 순운은 아버지의 뒤를 이어 경후敬侯에 봉해졌고, 호분중랑장虎賁中郞將에 임명되었다.『삼국지. 위서. 순운전荀惲傳』

금향金鄕공주. 하진의 손자 하안何晏과 결혼했다. 하안은 재능이 출중하여 상서직에 제수되었다.『삼국지. 위서. 조진전曹眞傳』

관련 사료들을 종합해보면 세 공주들의 결혼 생활은 그다지 원만하지 못한 편이었다. 청하공주는 남편과 오랫동안 불화를 겪었고, 안양공주의 남편 순운은 조식과 친밀한 관계인 탓에 조비에게 정치적 견제를 받아야 했다. 금향공주의 남편은 조상曹爽의 모반에 관련되어 죽임을 당했다.

진랑은 제갈량의 군사에게 죽임을 당했는가?

조조에게는 여러 명의 '양자'가 있었다. 즉 조조와는 직접적인 혈연관계가 없지만 친모가 조조의 측실이 되면서 조조의 아들이 된 경우인데, 진랑秦朗이 그 대표적 사례다.

진랑의 기록은 매우 간략하지만 촉나라와의 전투 기록에 자주 출현하고 있다.

『삼국연의』제102회에서 제갈량과 사마의가 위수를 사이에 두고 대치할 무렵이었다. 사마의의 부하 장수 정문鄭文이 거짓으로 투항해왔지만, 그들의 숨은 계략을 미리 파악한 제갈량은 이를 역이용해 오히려 사마의의 대군이 진영으로 쳐들어오도록 유인했다. 비록 사마 부자는 생포하지 못했지만 진랑을 선봉장으로 세운 위나라 군을 크게 대파하는 성과를 거두었다.

제갈량의 신출귀몰한 지략이 돋보이는 대목이지만 실제 역사서에는 진랑이 등장하지 않는다. 진랑은 이 전투에서 목숨을 잃지 않았을뿐더러 처음부터 참여하지 않았다.

진랑은 비범한 인물로 생부는 진의록秦宜祿이고 본래 여포의 수하 장수였다. 조조와 유비가 하비下邳성을 평정했을 때 여포를 비롯한 그 수하 장수의 가솔들을 노비로 거두었다. 이때 진의록의 부인 두杜씨도 포함되어 있었다. 사실 두씨는 관우가 먼저 점찍었던 여인이었다. 조조와 유비가 하비에서 여포를 포위했을 때 관우가 조조에게 간청했다. "하비성을 점령하면 곧장 진의록의 처를 첩으로 맞이하길 청합니다."

처음에 조조는 이를 흔쾌히 수락했다. 그런데 싸움이 끝나고 나서 관우가 누차 간청하자 또 의심병이 발동하고 말았다. 조조는 그녀의 미모가 뛰어난 것을 의심하여 직접 살펴보다가 자신의 첩으로 삼았는데, 바로『삼국지. 위서』에 나오는 두 부인이다. 이때 그녀가 데리고 들어온 아들이 바로 진랑이었다.

두 부인을 매우 사랑한 조조는 그녀의 두 아들과 딸도 총애하며 아꼈다. 진랑은 어린 시절부터 조용하고 겸손했으며 매사에 신중하여 조조의 아들들에게 존경을 받았다. 특히 조비의 아들 조예는 황제가

서촉으로 귀순하는 사마의司馬懿

되고 나서 그를 효기장군驍騎將軍, 급사중給事中에 중용하고 항상 그를 대동했다. 그뿐만 아니라 특별히 진랑을 위해 낙양에 저택을 지어주기도 했다. 청룡靑龍 원년 233년에는 선비족을 토벌하는 선봉장으로 삼아 병주幷州로 보냈으며, 다음 해에는 사마의의 감찰관으로 임명하여 2만 명의 기병을 이끌고 위수渭水로 파견했다. 진랑이 인솔하는 기병 2만 명은 위수에 주둔하고 있던 위나라 군의 군사력을 강화시켜 주었지만 진랑이 직접 전투에 참여했다는 역사적 기록은 없다.

『삼국연의』에서 진랑은 사마의보다 한 수 위에 있는 제갈량의 지략을 부각시켜 주는 배경인물에 지나지 않았다.

조식은 정말로 오언절구의 시를 지었는가?

조조는 말년이 다가오자 조비를 후계자로 삼았다. 조조가 죽고 그 뒤를 계승한 조비는 이어서 위나라 황제가 되었다. 황제가 된 조비는 형제인 조식을 질투한 나머지 곤경에 빠뜨렸다.

조조의 아들 조식은 문학사상 드
높은 명성을 날린 시인이었다. 그
가운데 오늘날까지도 남녀노소
모두에게 익숙한 시가 있는데 바
로 '칠보시'로 널리 알려진 '자두
시煮豆詩'다.『삼국연의』제79회
에도 이 일화가 소개되어 있다.

고개지顧愷之〈낙신부도洛神賦圖〉

조비가 말하기를 "일곱 발자국
걷는 동안 시 한수를 짓는 것은
너무 느리구나. 즉석에서 시 한
수를 지을 수 있겠느냐?"라고 하
자 조식이 흔쾌히 대답했다. "시
제목을 알려주십시오!" 이에 조비가 "너와 나는 형제가 아니더냐? '형
제'를 제목으로 하되 시 속에 '형제'라는 글자가 들어가서는 아니 될
것이다!"라고 말했다. 그러자 조식은 말이 떨어지자마자 시 한 수를
읊기 시작했다.

콩대를 태워 콩을 삶으니
가마 속에 있는 콩이 우는 구나
원래 한 뿌리에서 태어났거늘
어찌하여 이다지도 성급히 들볶아대는가!

화려하거나 요란하지도 않는 적절한 시어를 사용한 시 구절에서 상당한 실력이 엿보인다. 하지만 실상 '자두시'는 조식의 작품이 아니다. 이유는 간단하다. 당시 삼국 시대에는 오언절구의 시가 아직 출현하지 않았다. 즉 후세 사람이 오언절구 형태로 바꿔 지었다는 뜻이다. 이 시는 남조南朝 시대 유의경이 지은 『세설신어』「문학편文學篇」에서 차용한 것이었다. 『삼국연의』에서는 이 시를 좀더 간략하게 가다듬어 훨씬 매끄럽게 만들었음을 알 수 있다.

손권의 장점과 단점은?

턱이 네모지고 입이 크며 푸른 눈에 수염이 자주색으로 용모와 골격이 특이
했던 손권은 오랫동안 장수를 누리면서 제업을 이루었다. 그의 형 손책孫策은
손권의 장단점을 날카롭게 분석한 적이 있다.

조조는 일찍이 "아들을 낳으면 응당 손권과 같아야 한다"라고 탄사를
내뱉은 적이 있다.

손권은 열아홉 살에 강동 지역 세력을 장악하면서 일흔한 살까지 장
수를 누리다 죽었다. 그는 삼국의 제왕 중에 가장 장수하였고 재위 기
간이 무려 24년으로 가장 오랫동안 집권했다.

손권이 왕좌에 오르기 전부터 이미 강동 지역에는 수많은 인재들이
몰려와 있었다. 예컨대, 장소張昭, 고옹顧雍, 제갈근諸葛瑾, 보즐步騭, 장
굉張紘, 엄준嚴畯, 정병程秉, 감택闞澤 등의 문인들과 주유周瑜, 노숙魯肅,
여몽呂蒙, 정보程普, 황개黃蓋, 한당韓當, 장흠蔣欽, 주태周泰, 진무陳武 등
의 무장들이었다. 이들은 핵심인물인 손권을 중심으로 북쪽으로는 조

조의 위나라와 맞서고, 서쪽으로는 촉한과 대치하면서 동오를 강동의 패자로 군림하도록 이끌었다. 또한 손권은 경제와 문화 방면에도 커다란 업적을 달성했다. 그러나 집정 말기에 이르러서는 능력의 한계를 드러냈다. 간신배의 아첨에만 귀를 기울여 내부적으로 갈등과 마찰을 초래한 것이다.

손책이 꼽은 손권의 장점과 단점은 무엇이었을까?

손권은 아버지와 형에게서 대권을 계승받았다. 손견孫堅이 죽을 당시 손책은 열일곱, 손권은 열 살이 채 안 된 나이였다. 스물여섯의 나이에 죽음을 맞이하게 된 손책은 임종 전에 장소 등을 불러 다음과 같이 당부했다. "중원 지역은 지금 혼란에 빠져 있소. 오나라와 월나라의 여러 무리들과 합세하여 삼강三江 지역의 지리적 우세를 잘 이용한다면 충분히 성패를 가를 수 있을 것이오. 그대들은 부디 내 동생을 잘 도와주시오!" 이어서 손책은 손권을 불러 이렇게 말했다. "강동의 병력을 이끌어 양쪽의 군대가 대치하는 사이에 기회를 붙잡아서 천하의 영웅들과 기량을 겨루는 데는 네가 나만 못하다. 허나 현명한 인재를 선발하고 능력 있는 자를 기용하여 그들이 최선을 다해 강동을 지키도록 하는 것은 내가 너만 못하다."『삼국지. 오서. 손책전孫策傳』

손책은 손권이 뛰어난 인재를 기용하고 여러 사람의 역량을 한데 모은다면 오나라의 제업을 충분히 이룰 수 있을 것이라고 판단했다. 손권은 형의 당부대로 이를 실천에 옮겼다. 심지어 정략 결

손권

혼을 이용하면서 여러 인재의 마음을 한데 모아 각자가 자신의 장점을 최대한 발휘하면서 오나라를 위해 충성을 바치도록 유도했다. 바꿔 말하면 이는 손권의 장점이기도 했다.

『삼국지』를 비롯한 여러 역사서에도 손권이 사람을 다루는 데에 탁월한 능력을 가졌으며, 정치적 균형을 유지하는 데도 비범했다고 기록되어 있다.

조조를 공격하는 손권

손책은 손권의 장점을 훤히 꿰뚫어보듯이 그의 단점 역시 정확하게 꼬집어 냈다. 즉 손권이 직접 병사를 이끌고 전투에 참가하는 데는 젬병이라고 지적했던 것이다. 과연 손책의 말대로 훗날 손권은 수차례 전투에 참가했지만 거의 매번 실패로 끝났다. 예컨대 적벽대전 이후 조조와 유수오濡須塢에서 대치했을 때나, 강하江夏 지역으로 정벌을 나섰을 때도 별다른 성과 없이 그대로 철군하고 말았다.

그러나 무엇보다도 처참했던 전투는 합비 전투였다. 손권은 10만 대군을 이끌고 합비合肥를 공격했다가 장료張遼 등에게 일망타진되었다. 이때 능통凌統, 여몽 등 여러 장수들이 목숨을 바쳐 보호하지 않았다면 손권은 목숨조차 보존하지 못했을 것이다.

손견과 손책의 나이는?

손견과 손책은 강동의 영웅으로 오나라의 기틀을 세웠지만 안타깝게도 일찍
요절하고 말았다.

오나라의 기틀을 세운 이는 손견과 손책 부자였지만 안
타깝게도 이들은 일찍 요절하고 말았다. 하지만 그 뒤
를 이은 손권은 무려 일흔 살까지 장수했는데, 삼
국 시대의 수많은 영웅호걸 가운데 매우 드문 예
에 속한다. 그렇다면 손견과 큰아들 손책의 나이
는 어땠을까?

『삼국연의』제7회에는 손견이 강을 건너 유표
劉表를 공격하는 대목이 나오는데 이때 그가 서른일
곱의 나이로 죽었다고 기록되어 있다. 또한 제29회
에서는 손책이 스물여섯의 젊은 나이로 요절하는
내용이 나온다. 그렇다면 이는 정확한 기록일까?

손견

진수의 『삼국지. 오서. 손견전孫堅傳』에서는 그저 손견이 한 헌제獻帝 초평初平3년192년에 "황조黃祖군의 화살에 맞아 죽었다"라는 기록이 있을 뿐이다. 그래서 손견의 나이가 어땠는지는 명확히 알 수가 없다.

진수가 손견의 나이를 명확하게 기록하지 않았기 때문에 배송지는 『삼국지』의 주석을 달 때 『오록吳錄』의 기록을 인용할 수밖에 없었다. 그리하여 "이때 손견의 나이 서른일곱이었다"라고 기록했으며, 「영웅기英雄記」의 기록을 덧붙여서 "손견은 초평4년 1월 7일에 죽었다"라고 적었다. 만일 손견이 초평3년에 죽었다면 그때 나이가 서른일곱이었고, 초평4년에 죽었다면 서른여덟이었던 셈이다.

손책

반면에 손책은 『삼국지. 오서. 손책전』에 따르면 "건안5년200년에 원수인 허공許貢의 가객에게 죽임을 당했는데, 당시 나이 스물여섯이었다"라고 한다. 또 『삼국지. 오서. 주유전周瑜傳』에는 "손견의 아들 손책과 주유는 동갑이었다"라는 기록이 남아 있고, 건안3년198년 손책이 주유를 건위중랑장建威中郎將에 임명했는데 그때 그의 나이 스물넷이었다고 기술되어 있다. 그로부터 2년 후인 건안5년에 손책이 죽었으므로 스물여섯에 죽었다는 기록은 확실한 듯싶다.

그렇다면 손책의 나이와 비교하여 손견의 나이를 추정해 볼 수 있지 않을까? 『삼국지. 오서. 손책전』에서 배송지가 인용한 『오록』에는 손책이 조정에 표문을 올릴 때 "소신의 나이 열일곱일 때 부친을 잃었습니다"라고 말한 내용이 언급되어 있다. 이를 계산해보면 손책이 열일곱이던 초평2년191년에 손견이 죽었다는 사실을 추정할 수 있다. 그렇다면 『삼국지. 오서. 손견전』에서 손견이 초평3년에 죽었다고 기록한 내용은 도대체 진실일까, 거짓일까?

어떻게 해서 손견은 강동의 호랑이라고 불렸을까?

진수는 『삼국지』에서 손견을 '정의에 불타는 충열지사였지만 다소 경박한 면이 있었다'고 평가했다.

모두가 알다시피 손권이 동오의 패권자가 될 수 있었던 것은 손견과 손책이 기반을 닦아주었기에 가능했다. 그렇다면 손견과 손책을 비교했을 때 누가 더 강했을까? 두 사람을 자세히 비교해보면 큰 차이를 발견할 수 있다. 손견은 그야말로 강동의 호랑이로, 오나라의 기틀을 세운 창업자였다.

손견이 열일곱 살이었을 때 부친과 함께 길을 가다 도적과 맞닥뜨린 적이 있었다. 이때 손견은 도적의 잔당들을 소탕한 공로를 인정받아 그의 나이 열일곱에 현의 관리로 임명되면서 명성을 날리게 되었다.

이어서 손견은 양명황제陽明皇帝라고 자칭하면서 모반을 일으킨 허창許昌과 허소許韶 부자를 진압하여 염독현승鹽瀆縣丞으로 제수되었다. 그후 우이현승盱眙縣丞으로 임명되었다가 다시 하비현승下邳縣丞으로 전임되었다. 스물여섯이 되던 해, 장각張角이 황건적의 난을 일으키자 중랑장인 주준朱儁을 따라 황건적을 무찌르는 공적을 세웠고 별부사마別部司

馬가 되었다.

그 후 장사長沙에서 구성區星이, 영릉零陵과 계양桂陽에서는 주조周朝와 곽석郭石이 각각 반란을 일으키자 손견은 장사태수가 되어 이들의 난을 성공적으로 진압하고 오정후烏程侯로 봉해졌다.

손견 수하의 병사들도 처음엔 수백 명에 불과했지만 점차 수천 명으로 늘어나면서 갈수록 세력이 확장되었다. 손견은 용맹성과 지략을 겸비한 데다 총명하고 기지가 뛰어났으며 정보, 황개, 한당, 주치朱治 등 뛰어난 인재들이 수하에 몰려들면서 더욱 명성을 떨치게 되었다.

이렇듯 손견은 세력을 넓히고 명성을 날리는 동시에 양주涼州에서 변장邊章, 한수韓遂가 일으킨 변란을 토벌하면서 더욱 입지를 다졌다. 사실 양주에서 변란이 일어났을 때 조정에서는 먼저 동탁을 파견하여 토벌하려 했지만 별다른 수확을 얻지 못했다. 이에 다시 장온張溫을 파견했는데, 이때 장온이 손견을 천거하여 같이 전쟁터에 나갔다. 그러나 반란을 진압한 이후에 동탁이 장온을 불손하게 대하자 손견은 장온에게 동탁의 죄 세 가지를 들어 그를 참수해야 한다고 주장했다. 결국 장온은 동탁을 죽이지 못했지만

손견

후베이湖北 샹판襄樊에 있는 손견 벽화

이 일로 손견은 많은 사람들의 탄사와 지지를 얻게 되었고 더불어 그의 지명도는 더욱 높아졌다.

훗날 각 지역에서 동탁 토벌대가 일어났을 때 손견은 최전방에 나서서 혁혁한 전공을 세웠지만 안타깝게도 서른일곱의 나이에 살해당하고 말았다.

강동의 호걸이었던 손견은 가난하고 비천한 지위에서 자수성가한 인물로 『삼국지』에서는 그를 두고 "용맹함과 예리함이 세상을 덮었고", "오나라가 강동에서 할거하게 된 것은 손견이 그 기초를 만들었기 때문이다"라고 평가했다.

손견은 37년의 짧은 생애를 살았지만 거의 20여 년 동안 전쟁터를 누비며 오나라의 기틀을 다졌다. 그의 뒤를 이은 아들 손책 역시 고군분투하며 적잖은 업적을 쌓았다.

손책은 어떻게 강동의 패자로 입지를 다졌는가?

의기양양했던 손책은 강동의 병력을 이끌고 천하의 영웅호걸들과 기량을 겨
루었다.

손견과 손책 부자는 각각 조정에서 파로破虜장군과 토역討逆장군으로
임명되었다. 그래서 종종 손견은 '손파로', 손책은 '손토역'이라고 간
단히 생략해서 부른다. 손견의 죽음에 대해 혹자는 황조의 수하 병사
들이 대나무 숲에서 몰래 화살을 쏴서 죽였다고 말했고『전략』, 혹자는
유표의 수하 장수 여공呂公이 병사를 시켜 산꼭대기에서 바위를 떨어
뜨려 손견이 머리에 맞고 죽었다고도 했다.「영웅기」

손견이 죽었을 당시 손책은 열일곱 살이었다. 손책은 여범呂範, 손하
孫河 등을 거느리고 당시 단양丹陽태수였던 외숙부 오경吳景에게 의탁하
는데, 이때 손책이 개인적으로 모은 사병이 수백여 명에 달했다.

손견이 죽었을 당시, 사촌 손분孫賁은 손견 휘하의 부곡部曲, 군제의 편제
단위을 이끌고 원술袁術에게 의탁했다. 이에 손책은 두 차례에 걸쳐 원
술에게 병사를 돌려줄 것을 요구하여 마침내 손견의 병사 천여 명을
되찾아왔다.

손책과 주유는 동갑내기로 절친한 친구였다. 두 사람은 강동 지역에
서 '손랑孫郎', '주랑周郎'이라는 애칭으로 불렸고, 각각 교喬씨 가문의
두 딸과 결혼했다. 원술은 "나에게 손랑과 같은 아들이 있다면 죽어도
여한이 없겠다!"라고 탄식할 만큼 손책을 높이 평가하면서도 한편으
로는 그에 대한 경계심을 늦추지 않았다. 그래서 한때 손책을 구강九江

소패왕小霸王 손책

태수와 여강廬江태수직에 임명했다가 두 차례 모두 다른 사람으로 바꾸는 변덕을 부렸다.

당시 단양태수직에 있던 외숙부 오경과 단양도위都尉직에 있던 사촌 형 손분은 여러 해가 지나도록 유요劉繇와의 전투에서 번번이 패전을 거듭하고 있었다. 이에 손책은 원술을 설득시켜 오경 등과 함께 강동을 평정하기 위해 출정했다.

『삼국지. 오서. 손책전』에 따르면, 이때 그에게는 "병사가 천여 명이었고 말은 수십 필이었으며, 빈객으로 따르기를 원하는 자가 수백 명이었다. 역양歷陽에 도착한 후에는 병사의 수가 5천~6천 명으로 늘었다"라고 한다.

손책은 사람을 다루는 기술이 탁월하여 많은 인심을 얻었다.『삼국지. 오서. 손책전』에는 "부하들 중에 마음을 다하지 않는 자가 없었으며 기꺼이 그를 위해서 죽었다"라는 기록이 있다. 손책은 엄백호嚴白虎의 거점인 회계會稽와 동야東冶를 함락시킨 뒤 손책 자신은 회계태수에 오르고, 오경을 단양태수, 손분을 예장豫章태수, 손보孫輔는 여릉廬陵태수, 주치는 오군吳郡태수, 주유는 강하태수로 각각 임명하여 강동 지역을 자신의 세력 범위로 예속시켰다.

당시 손책에게는 장소, 장굉, 진송秦松, 진단陳端 등의 뛰어난 책사와 정보, 황개, 한당 등 용감한 무장들이 있었다. 또한 단양의 산속에 거주하는 원주민들은 싸움에 능해 훌륭한 병력 공급원이 되었으며, 산에서 채굴되는 철은 무기를 만드는 원료가 되었다. 한마디로 단양은 손책이 강동 지역을 평정하는 데 중요한 거점이 되었던 것이다.

그 후 원술이 황제를 참칭하자 손책은 편지를 써서 그를 질책하고 관계를 끊었다. 조조는 조정에 표문을 올려 손책을 토역장군으로 임명하고 오후吳候로 봉했다. 원술이 죽자 장사 양홍楊弘과 대장 장훈張勛 등이 부하를 이끌고 손책에게 귀의했다. 당시 조조는 원소와 대치 상태에 있었는데, 손책은 이 틈을 이용해 강동 지역에서 세력을 확장시켜 나갔다.

건안5년200년, 조조와 원소가 관도官渡에서 교전하는 틈을 타서 손책은 은밀히 허도를 습격하여 한 헌제를 맞이하려고 했다. 그는 비밀리에 병사들을 훈련시키고 장수들에게도 임무를 분담시켰다. 하지만 미처 출발하기도 전에 허공의 가객들에게 살해되고 말았다. 이때 그의 나이 스물여섯이었다.

유기, 유종은 이복형제였을까?

일찍이 형주의 유표에게 몸을 의탁한 유비는 그의 큰아들과 돈독한 관계를 유지했다. 그러나 작은아들 유종劉琮을 옹립하려는 유표의 후처와 신하들의 계략으로 진퇴양난의 어려움에 처하고 말았다.

『삼국연의』 제34회를 보면, 형주자사 유표에게는 유기劉琦와 유종 두 아들이 있었다. 유표는 자기 자식들에 대해 "전처 진陳씨 소생의 큰아들 기는 어질고 현명하나 우유부단하여 큰 뜻을 이루기 어렵다. 후처 채蔡씨 소생의 작은아들 종은 매우 총명하다"라고 말했다.

『삼국연의』에서 유기와 유종은 이복형제로 나온다. 그래서 후계자 계승 문제로 두 사람의 배후 세력 간에 일련의 암투가 벌어지지만 이는 실제 역사적 사실과 다르다. 『삼국지. 위서. 유표전劉表傳』에는 이렇게 기록되어 있다.

"건안13년208년, 유비가 형주를 정벌하려 했는데 군대가 이르기도 전에 유표가 병들어 죽었다. 처음에 유표와 처는 총애하던 작은아들

74

유종을 후사로 세우려 했다. 채모蔡瑁와 장윤張允 등이 당파를 만들어 큰아들 유기를 태수로 내보내자 모두 유종을 후계자로 받들었다. 이로 말미암아 유기와 유종은 원수가 되었다."

그러나 유기와 유종이 동복형제라는 것은 모두가 아는 사실이다. 조비의 『전론典論』에도 "유표는 큰아들 기가 자신과 많이 닮았다며 유독 총애했다. 훗날 작은아들 종을 위해 후처 채씨의 질녀를 아내로 맞아들이게 했다"라는 기록이 있다.

유표

그 밖에 동진東晉의 학자 간보干寶가 지은 『수신기搜神記』에는 "건안9년204년, 유표의 전처가 죽었다"라고 기록되어 있다. 전처가 죽고 나서 유표가 후처 채씨를 맞아들인 시기는 형주가 유비에게 정벌되기 4, 5년 전으로 추정된다. 따라서 유종이 후처의 소생이라면 당시 갓난아이에 불과했을 나이였다. 즉 갓난아이인 유종을 위해 후처 채씨가 조카를 며느리로 맞아들인다는 말은 타당성이 없다. 이로 미뤄보아 유기와 유종은 전처가 낳은 동복형제였음을 알 수 있다.

18제후의 회맹은 진실이었나?

동탁 토벌군이 결성되면서 바야흐로 군웅할거의 서막이 올랐다.

『삼국연의』의 18제후의 회맹은 소설 전체의 주요 골격 가운데 하나다. 각양각색의 인재가 등장하면서 뭉치고 흩어지는 치열한 투쟁이 시작되었다.

『삼국연의』 전반부 20여 편이 유비와 관우, 제갈량 등 주요 인물의 등장과 촉한을 집중적으로 조명했다면, 그 이후는 북방의 중원과 위나라의 조조에 대한 이야기가 주를 이루었다고 말할 수 있다.

『삼국연의』 제5회에는 조조가 거짓 조서를 내리고 낙양에서 18진鎭 제후와 회맹하는 대목이 나오는데, 실제 역사적 사실은 어땠을까? 그 전에 먼저 18진의 수장들을 살펴보기로 하자.

- 제1진 원술후장군, 남양南陽태수
- 제2진 한복韓馥, 기주冀州자사

- 제3진 공주孔伷, 예주豫州자사
- 제4진 유대劉岱, 연주兗州자사
- 제5진 왕광王匡, 하내河內태수
- 제6진 장막張邈, 진류陳留태수
- 제7진 교모橋瑁, 동군東郡태수
- 제8진 원유袁遺, 산양山陽태수
- 제9진 포신鮑信, 제북상濟北相
- 제10진 공융孔融, 북해北海태수
- 제11진 장초張超, 광릉廣陵태수
- 제12진 도겸陶謙, 서주徐州자사
- 제13진 마등馬騰, 서량西涼태수
- 제14진 공손찬公孫瓚, 우북평右北平태수
- 제15진 장양張楊, 상당上黨태수
- 제16진 손견장사태수
- 제17진 원소발해渤海태수

역사서를 살펴보면 18진 제후의 회맹에 관한 기록을 찾아볼 수 없다. 그러나 동탁을 토벌하는 것이 당시 지식인과 영웅호걸의 공통된 바람이었다는 것만은 사실이다. 훗날 원소를 맹주로 천거한 것도 각기 멀리서 서로의 공통된 염원을 확인한 것일 뿐, 즉각적으로 군사를 연합하여 행동으로 옮기지는 못했다. 조조가 가짜 조서를 내려 각지의 영웅호걸들과 군사를 낙양으로 모은 것은 어디까지나 나관중의 창의적 아이디어였다.

『삼국지. 위서. 장홍전』의 기록에 따르면, 동탁을 토벌하기 위해 모인 제후들은 산조酸棗, 지금의 허난 성 옌진현延津縣 북쪽에 위치에서 맹약을 맺었다. 당시 맹약을 맺은 이는 유대, 공주, 장막, 교모, 장초 등 다섯 제후였다. 이때 천거한 맹주는 다섯 제후 가운데 하나가 아니라 장초의 수하 장수 장홍藏洪이었다. 역사책을 살펴보면 공융, 도겸, 마등, 공손찬 등은 당시 동탁의 토벌에 참여하지 않았다는 사실을 알 수 있다. 원술과 원소 역시 당시 산조의 회맹에 참여할 수 없었다.

이에 배송지는 『삼국지. 위서. 장홍전』에 이렇게 주석을 달았다. "이때 회맹한 제후는 단지 유대 등 다섯 제후에 불과했다. 『위씨춘추魏氏春秋』에 실린 유표 등 그 밖의 제후는 사실이 아니다. 당시 유표는 강릉과 한중 지역을 지키느라 몸을 뺄 수 없었는데 어찌 장홍 등과 함께 제단을 세우고 맹약을 할 수 있었겠는가?"

당시 동탁을 토벌하려던 제후들이 회맹을 한 것은 사실이지만 회맹에 동참한 제후는 『삼국지』와 배송지가 인정한 다섯 제후뿐이었다.

나관중은 여기에 창의성을 발휘해서 18제후로 늘렸으며 회맹 장소는 낙양으로 바꿨다. 조조의 주도하에 각 지역에서 다양한 영웅호걸들이 모이는 장면을 생동감 넘치고 흥미진진하게 묘사했다.

그 밖에 나관중은 일부 지역에서 동탁을 토벌하기 위해 무장봉기를 일으킨 제후의 명단을 나열했는데, 이는 사료적 근거가 있다. 『삼국지. 위

원소

서. 무제기』에는 초평 원년190년 정월에 원술, 한복, 공주, 유대, 왕광, 원소, 장막, 교모, 원유, 포신 등 10인이 동시에 군사를 일으켜 원소를 맹주로 내세웠다고 기록하고 있다. 이로써 알 수 있듯이『삼국연의』에 등장하는 18제후의 회맹은 역사적 사료에 근거하고 있으며, 다만 제후의 숫자가 바뀌었을 뿐이다. 그렇다면 맹주 원소는 어떻게 여러 제후를 거느리고 동탁의 토벌을 맹약했는지 다음 장에서 살펴보자.

맹주 원소의 맹세는 어디서 유래했는가?

장흥과 진림은 동향 출신이자 둘 다 뛰어난 문장가였다. 그래서 『삼국지』에는 장흥의 문장 실력에 대한 찬사가 곧잘 등장한다.

『삼국연의』 제5회에서는 18제후들이 원소를 맹주로 내세우고 동탁을 토벌할 것을 맹세하는데 그 내용이 다음과 같다.

"한나라 황실이 불행하여 조정의 기강이 문란해지니 적신 동탁이 그 틈을 타서 방자하게 굴어 그 화가 지존에 미치고 백성은 도탄에 빠졌습니다. 이에 원소 등은 사직이 장차 무너질 것을 두려워하여 의병을 모아 국난에 맞서려고 합니다. 저희는 일심동체로 힘을 합해서 신하된 도리를 다하되 결코 딴 마음을 품지 않기로 맹세합니다. 만약에 이 맹세를 저버리는 자가 있다면 그의 목숨을 끊으시고 자손을 멸하여 주옵소서. 하늘과 땅, 조상의 영령께서는 부디 굽어 살펴주옵소서!"

『삼국지. 위서. 장흥전』에도 『삼국연의』와 거의 흡사한 내용의 맹세문이 나온다.

"한나라 황실이 불행하여 조정의 기강이 문란해지니 적신 동탁이 그 틈을 타서 방자하게 굴어 그 화가 지존에 미치고 백성은 도탄에 빠졌습니다. 이로 말미암아 사직이 위태로워지고 천하가 요동칠까 두려워 연주자사 유대, 진류태수 장막, 동군태수 교모, 광릉태수 장초 등과 함께 의병을 모아 국난에 맞서려고 합니다. 저희는 일심동체로 힘을 합해서 신하된 도리를 다하여 목숨을 바칠 것이며 결코 딴 마음을 품지 않기로 맹세합니다. 만약에 이 맹세를 저버리는 자가 있다면 그의 목숨을 끊으시고 자손을 멸하여 주옵소서. 하늘과 땅, 조상의 영령께서는 부디 굽어 살펴주옵소서!"

두 맹세문을 비교해보면 나관중이 『삼국지』에서 장홍이 썼던 맹세문을 거의 원본 그대로 옮겼음을 알 수 있다. 다만 맹세문의 주인공을 장홍에서 원소로 바꾸고 그 외 등장하는 다섯 인물의 이름을 삭제한 것뿐이다. 이처럼 나관중이 『삼국지』 원문의 내용을 수정한 데는 두 가지 의도가 내포되어 있었다.

동탁

첫째, 장홍은 문과 무예를 겸비한 인재로 사료에서 볼 수 있듯이 동탁을 토벌하기 위해 산조에 모인 제후들이 맹주로 뽑은 인물이다. 하지만 장홍은 특별한 업적을 이루지도 못한 채 원소의 손에 죽고 말았다. 그래서 나관중은 맹세문의 주인공을 원소로 바꾼 것이다.

둘째, 사료에 따르면 맹약을 맺었던 제후는 다섯이었지만 나관중은 이를 18제후로 수정했다. 맹세문에 있는 다섯 제후의 이름을 삭제하여 글의 완전성을 더했던 것이다.

국가의 사직을 염려하는 강개 어린 맹세문의
원문은 의심할 여지없이 장홍 본인의 글이 분명
하다. 장홍은 무술에 능한 무장인 동시에 뛰어난
문장가였다. 장홍은 건안칠자 가운데 하나인 진
림과 동향 출신으로 광릉 사양射陽인이다. 진림이
원수 수하에 있을 당시 장홍에게 서신을 보냈는
데 이때 장홍이 보낸 답신은 매우 뛰어난 문장으
로 높은 평가를 받으며 지금까지 전해오고 있다.
진수의『삼국지』는 간단명료하기로 유명하지만
『삼국지. 위서. 장홍전』에서만은 장홍의 답신 원
문을 전부 기록했다. 장홍의 문장력을 높게 평가하고
아끼는 진수의 배려가 돋보이는 대목이다.

미등

이 답신을 읽어보면 장홍의 문장력이 결코 진림에 뒤지지 않았다는
사실을 알 수 있다. 진수가 남긴 답신을 보면서 우리는 깊은 감화력을
주는 장홍의 문장 솜씨를 감상할 수 있으며, 더불어 18제후의 맹세문
역시 장홍이 직접 쓴 글이라는 확신을 가질 수 있다.

『삼국연의』에서 18제후의 회맹은 책 전체의 기본 골격이다. 즉 나
관중이 장홍을 배제하고 원소를 맹주로 삼은 것은 소설 속의 주요 골
격이 되는 원소를 부각시키기 위해서였다.

유비, 관우, 장비 가운데 최고 연장자는?

세 사람은 도원결의를 통해 의형제를 맺었다. 그렇다면 과연 큰형으로 불린 유비가 제일 나이가 많았을까?

유비, 관우, 장비가 도원에서 의형제를 맺은 도원결의 일화는 모르는 사람이 없을 만큼 세간에 널리 알려져 있다. 또한 나이순으로 유비가 맏형이 되고, 관우가 둘째 형, 그리고 장비가 막내가 되었다는 사실도 많은 사람이 익히 알고 있다. 그러나 과연 실제로도 그랬을까?

사실 유비의 나이는 역사서에 명확하게 기재되어 있지만, 관우와 장비의 나이는 지금까지도 수수께끼다. 희극이나 소설, 민간 설화에 그들의 나이와 관련된 내용이 나오지만 사실적 근거는 희박하다.

진수의『삼국지. 촉서. 선주전』에는 유비가 장무章武3년223년 4월에 향년 예순셋의 나이로 죽었다고 기록되어 있다. 이로 미루어 유비는 서기 161년에 태어났음을 추산할 수 있다.

이처럼 유비의 나이는 역사서에 명확하게 기술된 반면에 관우와 장비에 대한 언급은 겨우 서너 줄에 지나지 않으며 나이도 명시되어 있지 않다. 다만 원대 잡극〈도원결의〉에서 어렴풋이 단서를 찾을 수 있다. 잡극에서는 "나이에 상관없이 당신유비을 형님으로 모시겠소"라는 관우의 대사와 "나는 나이만 먹었지 덕도 없는 천한 무지렁이에 불과하오. 허나 그대는 명문귀족의 자손이 분명하니 함부로 대할 수가 없소이다"라는 장비의 대사가 나온다. 이로 미뤄보아 원대 사람들은 유비와 관우, 장비가 결코 나이순에 따라 호형호제한 것이 아니라고 여겼음을 알 수 있다.

일부 근대 학자는 『소설총고小說叢考』에서 관우가 유비보다 한 살이 많고, 장비가 유비보다 네 살이 적다고 주장했지만 이는 사료적 근거가 부족하다. 만일 원대 잡극에서처럼 세 사람이 나이순에 상관없이 유비를 큰형으로 받들었다면, 이는 당시 나이보다는 인품과 덕을 중시하던 풍속을 반영한 것일 테다. 그렇다면 오늘날 후세 사람들이 도원결의에서 나이순에 따라 유비가 큰형이 되었다고 여기는 것은 크나큰 오해임이 분명하다.

다행히 나관중은 총명한 사람이었다. 그는 『삼국연의』에서 세 사람이 도원결의를 맺을 때 나이순에 따라 호형호제하게 되었다고 명확히 밝히지 않았다. 다만 "맹세를 마치고 나서 유비는 큰형이 되고, 관우는 둘째, 그리고 장비는 아우가 되었다"라고 모호하게 서술했다. 세 사람의 나이 차를 명확하게 밝히지 않은 것이다.

그러나 유비, 관우, 장비를 주축으로 하여 유비는 말할 것도 없고 관우의 충성심과 절개, 장비의 용맹무쌍함을 칭송한 나관중으로서는 세 사람의 최후마저 대충 얼버무릴 수는 없었을 것이다. 『삼국연의』에서 관우는 건안24년219년 12월의 한겨울에 쉰여덟 살의 나이로 죽었다. 또한 장비는 유비가 황제에 오른 지221년 얼마 지나지 않아 살해되었는데 이때 그의 나이 쉰다섯이었다. 관우가 장비보다 네다섯 살이 많았음을 알 수 있다. 그리고 사료에는 유비가 예순 셋에 죽었다고 기록되어 있다. 즉 유비의 사망 연도인 223년을 근거로 추산해보면 관우가 죽을 당시 유비의 나이가 쉰아홉이었다는 것을 짐작할 수 있다. 이렇듯 나관중은 세 사람 가운데 유비를 연장자로 만들기 위해 상황을 세심하게 안배했다. 도원결의 때는 일부러 세 사람의 나이를 명확하게 언급하지 않았지만 그들의 죽음을 기록하는 데는 세심한 주의를 기울였던 것이다.

유비, 관우, 장비의 생김새는 어땠을까?

우리 모두 알다시피 흰 얼굴은 유비, 붉은 얼굴은 관우, 검은 얼굴은 장비를 상징한다. 그러나 이는 어디까지나 소설과 희극 속 인물의 분장일 뿐이다.

희극 무대 위의 이미지로 말하자면 유비, 관우, 장비는 각각 흰색, 붉은색, 검정색 얼굴로 상징된다. 그렇다면 나관중의 『삼국연의』에서는 이들의 외모를 어떻게 묘사하고 있을까?

유비는 키가 7척 5촌이고, 양쪽 귀가 어깨까지 늘어졌으며, 두 팔은 무릎까지 닿고, 수려한 용모에 입술은 연지를 바른 것처럼 붉었다.

관우는 키가 9척이고, 수염 길이가 무려 2척에 달하며, 대추처럼 불그스레한 얼굴에 입술은 연지를 바른 듯 붉었다. 봉황의 눈과 누에 눈썹을 가졌으며 훤칠하고 위풍당당했다.

장비는 키가 8척이고, 표범의 머리에 부리부리한 고리눈과 제비턱, 범의 수염을 가졌으며 목소리가 우레와 같은 데다가 질주하는 말처럼 거침없다.

그렇다면 역사서에서는 이들의 외모를 어떻게 기술하고 있을까? 『삼국지. 촉서. 선주전』은 유비에 대해 "글공부는 그리 즐기지 않았지만 말 타기와 음악을 좋아하고 몸을 치장하는 데 관심이 많았다. 키는 7척 5촌으로 두 팔이 무릎까지 닿았다. 과묵하고, 아랫사람에게 관대했으며, 얼굴 표정에 감정 변화가 전혀 드러나지 않았다"라고 했다.

또한 『삼국지. 촉서. 관우전』을 보면 제갈량이 편지에서 관우를 '염髥'이라고 칭한다면서 "관우의 수염이 아름답고 멋있어서 '염'이라고 부른다"라는 설명까지 덧붙였다. 반면에 장비의 외모에 대해서는 역사적 기록이 전혀 없다.

『삼국연의』와 역사 기록을 비교해보면, 유비의 외모는 사료를 기초로 하되 소설에서 얼굴색과 입술 색에 대한 표현을 더했다는 것을 알 수 있다. 관우의 외모 역시 사료적 근거를 따랐지만 '아름다운 수염'을 제외하면 대춧빛 얼굴이나 봉황의 눈, 누에 눈썹 따위는 모두 소설에서 각색한 것이다. 장비의 외모는 민간에 전해 내려오던 일화를 바탕으로 순전히 창작된 것이라고 할 수 있다.

반면에 유비, 관우, 장비 세 사람의 키는 비교적 현실적으로 묘사되었다. 첫째로 역사 자료에 유비의 키가 7척 5촌이라는 기록이 있다.

청대 연화 〈호뢰관虎牢關〉

연화 〈장익덕대뇨장판파張翼德大鬧長坂坡〉

둘째로 관우, 장비 두 사람 모두 내로라하는 무장으로 '만인지적萬人之敵, 만인을 대적할 만한 자'이라고 일컬어졌던 장수들이었다. 그러므로 이치를 따져 봐도 유비보다 키가 큰 것은 당연하다. 따라서 『삼국연의』에서 "관우는 키가 9척이고 장비는 8척"이라고 쓴 것은 일리가 있는 부분이다. 한漢대의 도량형을 오늘날의 기준으로 계산해보면 1척은 지금의 23센티미터에 해당한다. 이를 바탕으로 유비, 관우, 장비의 키를 추산해보면 관우가 2미터 이상으로 가장 크고, 장비가 1.84미터로 그다음, 그리고 유비가 1.72미터다.

　나관중은 세 사람이 처음 등장할 때 이들의 신체적 특징을 자세히 묘사했을 뿐만 아니라 내용 중간 중간에도 자세히 언급하고 있다. 예를 들어 여포가 유비에게 '왕귀'라고 욕하는 부분이나 장비가 잠을 잘 때 "눈을 부릅뜬 채 우레와 같은 요란한 소리로 코를 골았다"라고 하는 등 바로 눈앞에 보이는 것처럼 생동감 넘치게 묘사했다. 인물 묘사에 탁월했던 나관중의 장기가 돋보이는 대목이다.

내친 김에 조조의 키도 살펴보면『삼국지. 위서. 무제기』에는 특별한 기록이 없다. 그러나 유의경의『세설신어』에는 "키가 작고 왜소하지만 총명하고 재능이 뛰어났다"라고 기록하고 있다. 이로 미뤄보아 조조는 몸집이 왜소했을 것이다.

나관중은 조조에 대해 '키가 7척'이라고 표현했는데, 이는 지금의 1.61미터에 해당한다. 즉 유비보다 11센티미터 작은 셈이다. 그러고 보면 나관중이 유비, 관우, 장비, 조조 네 사람의 키를 아주 타당성 있게 묘사했음을 알 수 있다.

삼국 인물의 나이는?

삼국 인물의 이름을 줄줄이 읊는 것은 그다지 어렵지 않다. 문제는 그들 인물의 정확한 나이를 모른다는 사실이다. 삼국 인물의 실제 나이는 여러 가지 복잡한 이유로 현재까지도 모호하기만 하다. 그러므로 좀더 심도 깊은 분석이 필요하다.

삼국 시대에는 수많은 영웅호걸이 등장했고, 이들은 소설과 평론집, 희극 등을 통해 전형적인 이미지를 갖추게 되었다. 하지만 이들의 이미지는 실제 역사적 사실과 큰 차이가 있다. 삼국 인물의 실제 나이를 탐구하는 것도 삼국 시대를 연구하는 주요한 주제 가운데 하나다.

삼국 인물의 나이는 관련 기록
이나 묘사에 따라 다음 네 가지
부류로 나눌 수 있다.

　첫째, 진수의 『삼국지』에 정확
하게 나이가 기록된 경우다. 가
령 조조는 건안25년220년에 낙양
에서 "예순여섯의 나이"로 죽었
다거나 유비는 223년 "향년 예순
셋의 나이로 병사했다"라는 식의
기록이다. 독자들은 이러한 기록
을 통해 조조가 유비보다 여섯 살
이 많다는 사실을 추정할 수 있으
며, 더 나아가서는 서기 208년 적
벽대전을 치를 당시 조조는 쉰네

마속

살이었고, 유비는 마흔여덟 살이었다는 사실을 추정할 수 있다.

　또한 진수는 「마량전馬良傳」과 「마속전馬謖傳」에서 마량馬良은 이릉 전
투에서 서른여섯의 나이로 죽었고, 마속馬謖은 건흥建興6년228년 서른아
홉의 나이에 죽었다고 기록하고 있다. 제갈량 역시 오장원五丈原에서
쉰넷의 나이로 병사했다는 명확한 기록이 존재한다. 이러한 기록을
통해 제갈량이 눈물을 머금고 마속의 목을 벤 당시에 그의 나이가 마
흔여덟이고 마속의 나이는 서른아홉이었다는 것을 알 수 있다. 또한
적벽대전을 치를 당시 제갈량은 스물여덟으로 노숙보다 아홉 살이 어
리고 주유보다는 여섯 살이 어렸다는 사실도 유추할 수 있다. 다시 말

해서, 소설이나 희극에 등장하는 것처럼 주유가 제갈량보다 어리다는 설정은 잘못되었다.

둘째, 진수가 『삼국지』에 명확하게 나이를 밝히지 않아서 배송지가 부가 설명을 기록한 경우다. 예컨대 조인曹仁의 경우 배송지는 『위서』의 기록을 인용하여 황초黃初4년223년에 쉰여섯의 나이로 죽었다고 설명했다. 또한 순유荀攸와 순욱荀彧에 대해서도 진수는 순욱이 212년 향년 쉰 살의 나이로 죽었다고만 기록했을 뿐이다. 배송지는 여기에 덧붙여 "순유가 순욱보다 여섯 살이 더 많았다"면서 이를 추정하여 건안 19년214년 순유가 쉰여덟의 나이로 죽었다는 설명까지 덧붙였다. 이렇듯 배송지는 삼국 인물의 나이에 대해 진수보다 훨씬 세밀하게 기록했다. 역사 기록에서 배송지의 역할이 얼마나 컸는지 알 수 있는 대목이다.

셋째, 사료가 없는 관계로 진수나 배송지 모두 나이를 밝히지 않았고 후세 소설이나 희곡에서 임의적으로 나이를 설정한 경우다. 가장 대표적인 것이 나관중의 『삼국연의』다. 나관중은 사료를 중시하면서도 내용상 필요에 따라 등장인물의 나이를 임의적으로 설정했다. 가령 『삼국연의』에는 관우가 건안24년219년 쉰여덟의 나이로 죽었고, 장비는 쉰다섯의 나이로 죽었다고 나온다. 그러나 사실상 관우와 장비의 나이는 역사서에 기록이 없어서 지금까지도 수수께끼로 남아 있다.

넷째, 민간에 구전으로 전해지는 이야기나 혹은 잡다한 기록물 등에서 삼국 인물의 나

조인

이를 제멋대로 설정한 경우다. 진수나 배송지는 역사 기록에 매우 신중을 기울였으며, 반드시 사료적 근거를 제시했다. 나관중의 『삼국연의』 역시 역사 창작물이었지만 기본적으로는 역사적 사실에 근거했다. 이와 달리 전정방錢靜方은 『소설총고』에서 관우가 유비보다 한 살이 많았고, 장비는 유비보다 네 살이 어렸다고 주장했는데, 이는 전혀 근거 없는 말에 불과하다. 또 청대 초엽 관우의 친족 가운데 누군가는 관우의 할아버지와 아버지의 이름, 관우의 출생 연도가 새겨진 묘석을 발견했다고 주장했지만 이것 역시 날조된 이야기다.

그러므로 삼국 인물의 구체적인 나이를 알고자 한다면 마땅히 진수의 『삼국지』와 배송지가 주석을 단 여러 사료를 자세히 살펴봐야 한다. 그런 다음에 나관중의 『삼국연의』를 읽으면서 비교해본다면 쏠쏠한 재미를 느낄 수 있을 것이다.

적벽대전에 관련된 주요 인물의 나이는?

제갈량이 주유보다 여섯 살이 어렸다는 주장이 옳다면 적벽대전 당시 손권의
나이는 조조의 절반밖에 되지 않았다는 말이 된다. 믿을 수 있겠는가?

희극 무대에 등장하는 적벽대전을 상상해보라. 깃발이 휘날리고 북소리가 둥둥거리며 칼날이 번쩍거리는 가운데 수많은 장수들의 모습을 연상할 수 있을 것이다. 조조, 주유, 황개, 노숙, 제갈량, 관우, 조운 등 주요 인물들은 말할 것도 없고, 조홍曹洪, 하후돈, 장료, 악진樂進,

장합, 서황, 하후연 등 여러 조조군의 장수들도 등장한다. 이들은 한결같이 위풍당당하고 비범하기 짝이 없다. 희극 무대에 등장하는 배우들의 분장을 살펴보면 조조는 그야말로 전형적인 간신배의 모습이다.

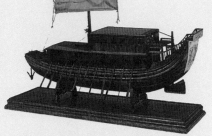

적벽대전에서 최대의 공훈을 세운 전투함 몽충蒙衝

반면에 주유는 풋풋한 백면서생의 모습이고, 제갈량과 노숙은 수염을 휘날리는 근엄한 학자의 모습이다. 그래서 일반 사람들은 주유는 젊고 활기 넘치는 젊은이로, 제갈량은 연륜이 빛나는 중후한 중년으로 쉽게 착각한다. 그러나 사료적 근거에 따르면 실상은 이와 정반대다. 제갈량이 젊었던 반면에 주유는 훨씬 나이가 많았다.

진수의『삼국지. 오서. 주유전』에 따르면 손책과 주유는 동년배로, 건안3년198년에 손책이 주유를 건위중랑장에 임명했다. 당시 주유는 "나이 스물넷으로 오나라에서는 주랑이라고 불렀다"라고 기록되어 있다. 이를 근거로 계산하면 적벽대전 당시 주유의 나이가 서른셋이었다는 사실을 알 수 있다. 반면에『삼국지. 촉서. 제갈량전』에 따르면, 제갈량은 쉰넷의 나이에 오장원에서 죽었다고 기록되어 있다. 또한 제갈량이 유비에게 융중책隆中策을 내놓을 당시 "그의 나이는 스물일곱207년"이었다고 기록되어 있다. 즉 서기 208년 적벽대전이 일어났을 때 제갈량은 스물여덟의 나이로 주유보다는 여섯 살이 어렸던 것이다.

마찬가지로 『삼국지』에 따르면 조조는 서기 220년에 예순여섯의 나이로 죽었고, 유비는 서기 223년에 예순셋의 나이로 죽었다고 기록하고 있다. 즉 조조는 유비보다 여섯 살이 많았던 것이다. 이를 근거로 계산하면 유비가 삼고초려할 당시 나이가 마흔일곱으로 제갈량보다 스무 살이 많았음을 알 수 있다. 또한 적벽대전을 치를 때는 유비가 마흔여덟, 조조가 쉰넷이었다는 사실을 알 수 있다.

『삼국지』와 배송지가 주석을 단 여러 사료를 분석해보면 다음과 같은 사실을 추정할 수 있다. 즉 적벽대전을 치를 당시 노숙의 나이는 서른일곱으로 주유보다는 세 살이 많았고 제갈량보다는 아홉 살이 많았다. 손권은 이들에 비해 어렸는데 당시 그의 나이 불과 스물일곱이었다. 그리고 손권에게 투항할 것을 권유했던 장소는 그때 쉰셋이었음을 추정할 수 있다.

그 밖에 황개, 관우, 조운 등의 나이는 정확한 역사적 기록은 물론이거니와 관련 자료도 없어서 전혀 추정할 수가 없다. 다만 조조의 수하 장수였던 조인은 적벽대전 당시 마흔하나, 장료는 마흔, 이전李典은 서른다섯이었다는 사실을 추정할 뿐이다.

2장

『삼국지』 장수열전

대중들은 여느 지식인 못지않은 통찰력과 용맹함으로 무장한 채 거침없이 전장에 뛰어드는 맹장들에게 열광한다. 삼국지 등장인물 가운데 가장 다양한 개성과 가치관을 보여주는 집단이 바로 장수들이며, 그들의 활약이 삼국지 이야기를 더욱 풍성하게 만들었다.

'만인지적' 칭호의 유래는?

삼국 시대의 명장 장비와 관우는 1만 명의 적군도 거뜬히 물리칠 만큼 용맹무
쌍했다. 『삼국연의』에서는 수차례 '만인지적'이라는 칭호를 사용하는데, 이는
사료적 근거가 있는 표현이다. 그 사료적 근거는 무엇일까?

삼국 시대에는 무장들이 넘쳐났지만 그 가운데 '만인지적'이라고 일컬
을 만한 최고의 장수는 관우와 장비 두 사람뿐이었다.

『삼국연의』에서 관우는 안량顔良의 목을 베고 나서 조조에게 "이까
짓 것은 별거 아니오. 나의 아우 장비는 눈 감고도 적군 백만 명의 수
급을 딸 수 있소"라고 말했다.

관우와 장비의 용맹무쌍함을 일컫는 '만인지적'이라는 표현은 사료
적 근거가 있다. 진수는 『삼국지』에서 관우와 장비에 대해 "한 시대를
풍미한 용맹한 신하였다"라고 평했다. 「관우전」에는 특별한 언급이
없지만 「장비전」을 보면 "장비는 용맹하여 관우에 필적할 만하다. 위

나라 책사 정욱 등은 관우와 장비를 만인지적이라고 불렀다"라는 기록이 있다. 이로 미루어 '만인지적'이라는 말이 관우와 장비의 용맹스러움에 대한 당시 사람들의 찬사였다는 사실을 알 수 있다.

그러나 문제는 진수가 『삼국지』를 저술할 때 '만인지적'의 칭호를 사용한 사람으로 정욱을 내세웠다는 점이다. 물론 진수는 "위나라 책사 정욱 등은"이라는 표현으로 다수가 그러한 칭호를 사용했음을 명시했으나 이는 후세 사람들로 하여금 '만인지적'이라는 호칭을 처음 만들어낸 이가 정욱 한 사람이라고 오인하게 만들었다.

자료를 자세히 살펴보면, 관우와 장비에게 최초로 '만인지적'의 칭호를 사용한 사람은 곽가라는 주장이 역사적 사실과 부합된다.

곽가와 정욱은 둘 다 조조의 측근 책사로 서로 비슷한 말을 했을 가능성이 크다. 그래서 진수도 "위나라 책사 정욱 등은"이라고 표현했을 것이다. 그렇다면 정욱은 언제 '만인지적'이라는 표현을 사용했을까?

『삼국지. 위서. 정욱전程昱傳』의 기록을 보면, 조조가 형주를 공격했을 때라고 나온다. 유비가 오나라로 도망치자 사람들은 모두 오나라의 손권이 유비를 죽일 것이라고 여겼다. 그러자 정욱은 나서서 "유비는 슬기롭고 총명한 데다 관우와 장비 모두 만인지적이므로 손권은 분명히 그들을 이용해 우리를 공격할 것입니다"라고 말했다. 이때가 건안13년208년 7월 즈음이었다.

곽가는 서른여덟의 젊은 나이에 요절했다. 조조

곽가

가 남쪽 형주를 공격했다가 적벽대전에서 대패했을 때는 이미 곽가가 죽은 뒤였다. 그래서 조조는 적벽대전에서 대패하고 나서 "곽가가 지금 내 옆에 있다면 이 지경에 이르지는 않았을 것이다"라고 한탄하기도 했다. 배송지는 진晉의 부현傳玄이 지은 『부자傳子』를 인용해 『삼국지. 위서. 곽가전郭嘉傳』에 이렇게 주석을 달았다.

"유비가 투항하자 조조는 깍듯이 예의를 갖춰 대하며 유주목幽州牧으로 임명했다. 이때 곽가가 '유비는 걸출한 기개로 백성에게 인심을 얻고 있으며, 장비와 관우는 만인지적입니다. 소인이 보건대, 유비는 결코 남의 휘하에 있을 사람이 아니며 지략이 워낙 뛰어나 예측하기가 힘듭니다'라고 조조에게 간언했다."

곽가가 '만인지적'이라는 표현을 사용한 것은 유비가 조조에게 투항했던 건안1년196년 즈음이다. 정욱과 비교해보면 시기적으로 적어도 12년은 앞섰다는 사실을 알 수 있다. 곽가와 정욱은 조조의 책사로서 함께 어울리며 수차례 비슷한 말을 했을 가능성이 크다. 하지만 무릇 역사적 기록은 엄정해야 하는 법이다. '만인지적'의 표현을 최초로 사용한 사람은 정욱이 아닌 곽가였다는 사실을 바로잡아 줄 필요가 있는 것도 그 때문이다.

『부자』에 기재된 내용을 진수가 미처 보지 못했는지, 아니면 알면서도 지나쳤는지는 진수 본인만이 알 것이다. 어쨌든 사료를 근거로 하여 시기적으로 따져 볼 때 '만인지적'의 표현을 먼저 한 사람은 곽가라는 사실을 의심할 여지가 없다.

장비

그뿐만 아니라 여기에서 한 가지 재미있는 점은 곽가가 '만인지적'을 표현할 때 관우보다 장비를 앞에 내세웠다는 점이다. 이는 당시 사람들이 장비가 관우보다 더 용맹무쌍하다고 여겼음을 증명한다. 진수가 '만인지적'의 칭호를 「관우전」에 넣지 않고 「장비전」에 넣은 것은 장비와 관우에 대한 당시 사람들의 진실한 평가를 반영한 것이다.

그렇다면 소설과 희극에서 관우가 거의 신성시되며 숭배되는 까닭은 무엇일까? 다음 장에서 그 이야기를 소개한다.

관우의 본래 신분은?

> 본래 불세출의 영웅은 출신이나 경력이 그다지 중요하지 않지만, 관우는 보통 사람의 수준을 넘어 '관공', '관제關帝', '무성인武聖人'이라고 일컬어질 만큼 신격화되었다.

관우는 삼국 시대에 가장 유명한 장수로, 삼국지 인물 가운데 후세 사람들에게 가장 숭배를 받고 있는 인물이다. 지금도 중국 역사상 특수한 위치를 차지하면서 '무성武聖', '관제', '무재신武財神' 등 일련의 우상화 과정을 거쳐 시대를 초월하는 문화적 상징이 되었다.

관공 문화는 '충忠'과 '의義'로 집약된다. 예컨대, 산시山西 성 제저우解州의 관제묘에는 "충성심이 태양을 뚫고 의로움이 하늘을 찌른다"라는 편액이 걸려 있다. 이렇듯 충과 의는 관공 문화의 핵심이다. 관우는 죽은 뒤 후세 사람들에게 점차 숭상되기 시작했다. 특히나 명明대에 이르러서는 강태공姜太公을 제치고 무묘武廟의 주신主神이 되어 중국 역사상 '문성文聖'으로 추앙받는 공자와 어깨를 나란히 하는 '무성'이 되었다. 이는 충의 사상을 널리 퍼뜨리려 했던 당시 시대적 조류와 밀접한 관련이 있다.

사실 관우는 일찍이 당唐대부터 명장으로 무묘에 모셔졌다. 북송北宋대에 이르러 '충혜공忠惠公', '무안왕武安王'으로 연달아 추존되었고, 나중에는 '의용무안왕義勇武安王'이라고 일컬어졌다. 남송南宋대에는 '영제왕英濟王'으로, 원元대에는 현령무안제왕顯靈武安濟王'으로 봉해졌다. 또 명대에 이르러서는 '협천호국충의대제協天護國忠義大帝'라는 시호가 내려졌고, 말엽부터는 중국 무묘의 주신으로 백성에게 널리 숭배되었다. 청淸대에는 '충의신무령우관성대제忠義神武靈佑關聖大帝'로 격상된 데 이어, 훗날 '충의신무령우신용위현보민정성수정익찬선덕관성대제忠義神武靈佑神勇威顯保民精誠綏靖翊贊宣德關聖大帝'라는 무려 24글자에 달하는 긴 봉호가 내려졌다.

관공 문화의 현상은 중국인의 전통적 충의 관념을 내포한다. 이러한 문화 현상은 중국의 사회 발전과 문화 변천, 사회 관습과 풍속 등 여러 방면의 복잡한 원인들에서 기인한다. 그 근원을 거슬러 올라가면 나관중이 『삼국연의』에서 묘사한 용맹스러운 관우의 이미지도 관공 문화 형성에 크게 한몫한다는 것을 부정할 수 없다.

다만 관우의 출신과 경력에 대해서는 많은 의문점이 있다. 관우는 평범한 사람으로 그의 출신조차 불명확한 편이다. 게다가 『삼국지. 촉서. 관우전』의 기록이

관우

100

청대 연화 〈수몰되는 칠군水淹七軍〉

지나치게 간략한 탓에 후세 사람들의 상상력이 보태지면서 더욱 복잡해졌고, 지금까지도 풀리지 않는 역사적 현안으로 남게 되었다.

진수가 『삼국지』에 남긴 불과 1천 자도 안 되는 기록에 따르면 관우는 탁군涿郡으로 피신해 온 도망자였다. 그의 고향은 하동군河東郡 해현解縣으로, 탁군에서는 아주 먼 곳이다. 관우가 천릿길도 마다하지 않고 탁군으로 온 것은 사람을 죽이고 도주한 도망자 신세였기 때문이다.

관우가 도대체 무엇 때문에 누구를 죽였는지는 기록에 남아 있지 않다. 『삼국지』 역시 특별한 언급이 없는데, 이는 진수 자신조차 명확하게 알 수 없었기 때문이었을 것이다. 촉한 때는 역사를 기록하는 사관 제도가 없었다. 그런 탓에 훗날 배송지가 각종 사료를 참고해 『삼국지』에 주석을 달았음에도 관우의 출신은 공백으로 남을 수밖에 없었다. 하지만 역설적이게도 지나치게 간략했던 역사적 기록은 후세의 학자와 소설가, 희극가들에게 무한한 상상력의 공간을 제공해주었다.

관우에 대한 숭배는 그의 이미지와도 깊은 관련이 있다. 그렇다면 관우의 전형적인 이미지는 어땠을지 다음 장에서 살펴보자.

미염공의 학자풍 이미지는 어디서 유래된 걸까?

수염을 쓰다듬으며 『춘추春秋』를 읽는 위엄 어린 모습은 관우의 전형적인 이미지다.

우리가 알고 있는 관우는 흔히 '미염공美髯公'이라고 불릴 만큼 훤칠한 외모에 수염을 쓰다듬으며 조용히 『춘추』를 읽는 지적인 모습을 연출한다. 그런데 이러한 이미지가 모두 사실이었을까? 『삼국연의』 제1회에는 관우를 이렇게 묘사하고 있다.

"수레를 끌고 가던 관우는 잠시 쉬어가려고 주점에 들어섰다가 유비와 장비를 만났다. 관우는 키가 9척이고, 수염 길이가 무려 2척에 달하며, 대추처럼 불그스레한 얼굴에 입술은 연지를 바른 것처럼 붉었다. 봉황의 눈과 누에 눈썹을 한 그는 훤칠하고 위풍당당했다."

관우의 수염은 길고 숱이 풍성하기로 유명하다. 『삼국연의』 제25회를 보면, 관우가 조조 수하에 머물던 무렵의 어느 날, 조조가 "관운장의 수염은 몇 올이나 되는가?"라고 물었다. 이에 관우가 대답하기를 "대략 수백 가닥 될 것입니다. 해마다 가을이 되면 열댓 가닥씩 빠집니다. 그래서 겨울에는 수염이 빠지지 않도록 검은 비단 주머니로 싸

매기도 합니다"라고 했다. 관
우를 후히 대하던 조조는 즉시
사람을 시켜 검은 비단 주머니
하나를 만들게 하고 관우에게
선물했다. 가슴에 비단 천을
두른 관우를 본 헌제가 "과
연 미염공이로구나"라고 찬
사를 연발했다고 한다.

청대 사람이 그린 〈관공도關公圖〉

관우는 조조의 군영에 머무
는 동안 한시도 유비를 잊은
적이 없었다. 그는 유비에게
보내는 서한에서 "제가 듣기
로 의리는 마음을 저버리지 않고, 충심은 죽음을 불사한다고 했습니
다. 어릴 때부터 글공부를 해서 대충 예의를 아는 터라 양각애羊角哀와
좌백도左伯桃의 일을 보고는 세 번이나 탄식하며 눈물을 흘렸습니다"라
고 썼다.

양각애와 좌백도는 춘추 시대 사람으로, 서로를 위해서는 죽음을 불
사하는 막역한 친구 사이였다. 이들의 이야기는 『춘추좌씨전春秋左氏
傳』에 기록되어 있다. 이처럼 나관중이 『삼국연의』에 삽입한 '미염공'
의 유래와 『춘추좌씨전』의 일화는 모두 역사적 사실에 근거를 둔다.
'미염'이라는 표현은 진수의 『삼국지』에서도 언급된다. 「관우전」에
보면, 마초가 촉나라에 투항했을 때 관우는 제갈량에게 서한을 보내
마초가 어떤 인물인지 물었다. 이에 제갈량은 "마초는 문무를 겸비한

명대 〈관우금장도 關羽擒將圖〉

용장으로 …… 장비와 비교할 만하지만 '염'에는 미치지 못한 사람이
오"라고 대답했다. 여기에 진수는 "제갈량은 관우의 아름다운 수염을
빗대어 '염'이라고 호칭했다. 관우는 답신을 읽고 나서 크게 기뻐하며
마초를 귀빈으로 깍듯하게 대우했다"라고 덧붙여 썼다.

　관우가 『춘추좌씨전』을 읽었다는 일화는 배송지가 주석을 달면서
인용한 「강표전江表傳」에 기록이 남아 있다.

　진수의 「관우전」은 겨우 1천 자에 불과해 관우가 무슨 책을 읽었는
지도 언급되지 않는다. 그러나 배송지가 인용한 「강표전」에는 "관우
는 『춘추좌씨전』을 즐겨 읽어 항상 입에 달고 살았다"라고 언급되어

있다. 이 기록은 비록 수십 자에 불과하지만 관우의 지적인 이미지를 형성하는 데 커다란 영향을 미쳤다. 덕분에 후세 사람들에게는 아주 익숙한, 배까지 닿는 기다란 수염을 쓰다듬으며 『춘추좌씨전』을 읽는 관우의 영웅적 이미지가 탄생했다. 이러한 영웅 이미지는 모두 배송지가 인용한 「강표전」에서 유래한 것이다.

진수에서 배송지를 거쳐 나관중을 비롯한 여러 작가의 손을 통해 관우의 이미지는 더욱 다양해졌다. 그리고 마침내는 중국 전통의 '무성'을 상징하는 전형적인 이미지가 완성되었다. 특히 나관중은 '미염'을 사료에만 연연하지 않고 작가적 상상력과 예술적 기교를 더해 제갈량, 조조, 한 헌제 등의 일화와 연결지어 생동감 넘치게 묘사했다. 그뿐만 아니라 관우가 『춘추좌씨전』을 읽는 일화에다가 의리를 중시한 양각애와 좌백도의 미담을 덧붙임으로써 문학적 매력을 더했다.

관우는 정말 다섯 관문을 통과하며 여섯 장수의 목을 베었을까?

소설 속의 관우는 조조로부터 도망치는 과정에서 혼자서 다섯 관문을 통과하고 여섯 장수의 목을 베었으며, 화살 독을 없애기 위해 화타華陀에게 뼈를 긁어내는 치료를 받는 등 우리에게 강렬한 인상을 남겨주었다.

우리 모두 알다시피 관우는 초인적인 용맹성을 떨친 영웅이다. 관우가 사후에도 중국의 전통적인 충의 관념에 따라 끊임없이 뭇사람들 사이에서 숭배의 대상이 된 것은 이와 무관하지 않다. 그렇다면 관우의 활약상이 담긴 수많은 일화 가운데 진수의 역사서에 기록되거나 후세 사람들의 입을 통해 전해지거나 혹은 나관중의 창의적인 필치로 새롭게 재탄생한 것들로는 어떤 것들이 있을까?

『삼국연의』 제5회에 보면 관우가 화웅華雄의 목을 베는 일화가 나오는데, 실제로 화웅을 죽인 것은 관우가 아니라 손견이었다. 즉 나관중이 화웅을 죽인 공로를 관우의 몫으로 바꿔치기한 것은 관우의 영웅성을 극대화하기 위한 소설적 장치였다.

제27회에서는 관우가 단기필마로 천릿길을 헤쳐 나가면서 다섯 관문을 통과하고 여섯 장수의 목을 베는 대목이 나온다. 무릇 『삼국연의』를 읽은 사람이라면 두고두고 기억하며 이야깃거리로 삼는 유명한 일화다. 하지만 이 일화는 역사서에 기록된 바가 없을뿐더러 진수는 물론이거니와 배송지도 전혀 언급하지 않았다.

반면에 나관중은 『삼국연의』에서 이 일화를 대대적으로 묘사했다.

감부인

관우는 감甘부인과 미糜부인을 수레에 태운 채 허창을 떠나 하북河北 지역까지 유비를 찾아 나선다. 그 과정에서 동령관東嶺關, 낙양, 범수관氾水關, 형양滎陽, 활주滑州의 황하 나루터 등 다섯 관문을 뚫고 공수孔秀, 한복, 맹탄孟坦, 변희卞喜, 왕식王植, 진기秦期 등 위나라 여섯 장수의 목을 벤다.

하지만 실상 위 일화는 『삼국지』는 물론이거니와 『삼국지평화』나 원대 잡극에도 등장하지 않

미부인

는다. 다시 말해서, 관우가 다섯 관문을 통과하고 여섯 장수의 목을 벤 일화는 순전히 나관중이 창조해낸 결과물이었다.

관우는 낙양 관문을 통과할 때 낙양태수 한복과 장수 맹탄을 죽이는 과정에서 한복이 쏜 화살에 맞아 어깨 부상을 입고 만다. 관우가 어깨에 부상당한 일은 『삼국지. 촉서. 관우전』에도 언급되어 있다. 진수는 1천 자에 불과한 짧은 기록을 남겼는데, 그 가운데 독을 제거하기 위해 뼈를 긁는 대목은 겨우 100여 자일 뿐이지만 매우 극적인 내용을 담고 있다. 기록에 따르면 관우는 의원으로부터 뼈를 긁어내는 치료를 받는 와중에도 여러 장수들과 함께 술을 마시며 담소를 나눴다. 단지 언제 어떤 연유로 부상을 입었는지, 그리고 의원은 어떤 사람인지에 대한 자세한 설명만 빠졌을 뿐이다. 이렇듯 흥미진진한 역사적 기록을 나관중이 그냥 지나칠 리 없었다. 그는 관우가 번성 북문을 공격하다 궁수들이 쏜 독화살에 부상을 입고 천하의 명의인 화타에게 치료를 받는 내용으로 덧붙여 꾸몄다. 관우의 이미지를 극대화하기 위해 나관중이 얼마나 세심한 주의를 기울였는지 짐작하고도 남는다.

다섯 관문을 뚫고 여섯 장수의 목을 벤 일화는 허구이지만 독화살에 부상을 입은 것은 역사적 사실이다. 또한 의원에게 뼈의 독을 긁어내는 치료를 받은 사실이 있지만 화타의 도움을 받았다는 것은 허구다. 이렇듯 나관중은 역사적 사실과 소설적 허구성 사이를 줄타기하듯 교묘히 오가며 극적 재미를 최대한 끌어올렸다. 그야말로 탄사가 절로 나온다.

관우의 용맹성은 후세 사람들에게 널리 숭앙받고 있으며, 그의 자손들에게까지도 관심이 쏠리고 있다. 그의 자손들의 활약상은 어땠을까? 아래에서 살펴보자.

관우 아들들의 활약상은 어땠을까?

흔히 그 아버지의 그 아들이라는 말이 있다. 소설에서는 관우의 아들 관흥과 관색關索의 활약상을 크게 묘사하고 있다. 과연 실제는 어땠을까?

관우는 죽은 뒤에도 후세 사람들에게로부터 널리 숭배를 받았다. 관우와 관련된 일화뿐 아니라 그의 자손들 이야기도 사람들에게는 뜨거운 관심의 대상이었다. 이를 지나칠 리 없는 나관중 역시 『삼국연의』에서 관우 아들들의 활약상을 대대적으로 묘사했다.

본래 역사서에 남아 있는 관우의 기록이 극히 짧은 터라 자식들의 기록 또한 매우 빈약하다. 『삼국지. 촉서. 관우전』에는 관우 슬하에 큰 아들 관평關平과 작은 아들 관흥, 그리고 딸이 있었다고만 기록되어 있다.

관우와 관평은 손권의 역습을 받아 함께 목숨을 잃었

관평

108

다. 『삼국지. 오서. 반장전潘璋傳』
의 기록에 보면 두 부자와 조누趙
累 등은 반장의 부하 장수 마충에
게 포로로 잡힌 뒤 살해되었다.

관평은 일찍이 관우를 따라 전
장을 누비며 형주와 양양 전투
에 참여했는데, 고대의 종군 연
령을 감안하면 이때 그의 나이가
열여덟 남짓이었다고 추정할 수
있다. 관평이 관우의 아들인 것
은 틀림없는 사실이지만 『삼국연
의』에서는 내용이 약간 다르다.

맥성麥城에서 패퇴한 관우

당시는 시대적으로 양자를 삼고 의형제를 맺는 것이 유행이었다. 이
러한 원명元明 시대의 사회적 풍조에 영향을 받은 나관중은 허구적 내
용을 덧붙였다. 즉 관평을 관정關定의 아들로 등장시켜 유비의 소개로
관우가 양자로 삼도록 한 것이다.

『삼국지. 오서. 여몽전呂蒙傳』에 따르면, 당시 관흥은 식구들과 함께
여몽의 포로로 강릉에 붙잡혀 있었다.

"여몽은 성을 함락한 뒤 관우와 부하 장수들의 가솔들을 너그러이
대하고, 부하들에게 약탈을 금하게 하여 인심을 얻었다."

여몽은 정치적 술수가 뛰어난 사람이었다. 당시 관우와 관평이 여
몽의 수하 병사들에게 붙잡혔더라면 아마도 손권의 포로로 보내져 반
장의 칼날에 목숨을 잃지는 않았을 것이다. 그 후 관흥은 오나라와 촉

나라의 관계가 개선되면서 덕분에 무사히 살아서 고향에 돌아왔다. 그는 관우 가문의 유일한 혈통으로 나이 스물일곱에 시중侍中직에 임명되었으며 중감군中監軍을 겸했다. 시중은 황제를 가까이서 보좌하며 황제의 안위를 책임지는 중책이며, 중감군은 대군을 호령하는 사령관을 감찰하는 직책이었다. 이렇듯 관흥은 중책을 떠맡으며 크게 중용되었지만 수년 뒤 젊은 나이에 병사했다.

관우의 아들들은 재능 있는 인재들이었지만 아쉽게도 모두 요절하고 말았다. 『삼국연의』에서는 유비가 동오 정벌을 떠날 때와 제갈량이 북벌을 앞두고 있을 때 각각 관흥의 용맹성을 기술하며 관우가 재림했다고 극구 칭찬을 쏟아냈다.

관흥

장비편

『삼국지』는 장비를 어떻게 묘사했을까?

『삼국연의』속의 장비는 매우 생동감 넘치고 개성이 강한 인물이다. 파란만장한 그의 일생은 오늘날에도 많은 사람의 뇌리에 깊이 각인되고 있다.

소설이나 잡극, 민간 설화에는 장비와 관련한 다채로운 일화가 등장하며, 장비와 관련한 고사성어나 속담 등도 우리에게 매우 익숙하다. 그런 반면에 실제로 역사서에 기록된 장비의 일화는 지극히 짧다.

진수의 『삼국지. 촉서. 장비전』에 실린 장비의 기록은 700여 자에 불과하다. 진수는 관우, 장비, 마초, 황충黃忠, 조운 등 다섯 장수를 한데 묶어 기록했다. 관우의 기록도 짧긴 마찬가지지만 장비의 기록보다는 길다. 마초도 장비보다는 많은 내용이 기록되어 있다.

배송지가 주석을 단 「장비전」역시 「관우전」과 「마초전」보다 훨씬 내용이 간략하다. 배송지는 『삼국지. 촉서. 장비전』의 주석을 달면서 『화양국지華陽國志』고대 중국 서남부의 운남雲南, 귀주貴州, 사천四川 지역의 역사풍속지리지 에서 언급한 엄안嚴顏의 일화를 간단히 인용했을 뿐이다. 장비에 관한

장비묘

사료가 이상하리만큼 빈약함을 알 수 있다.

진수는 주로 다음 세 가지 일화를 중점적으로 기록했다.

첫째, 당양현當陽縣의 장판파 전투에 대해 이렇게 기록했다. "유비는 조조의 군사들이 갑작스레 들이닥치자 처자식을 버린 채 도망치면서 장비에게 후방을 맡겼다. 장비는 이십 명의 기병을 이끌고 장판파에서 조조군의 추격을 막기 위해 배수진을 쳤다. 장비가 다리 한가운데 서서 두 눈을 부릅뜬 채 '내가 바로 장익덕이다! 목숨이 아깝지 않거들랑 덤벼라!'고 외치자 조조군은 간담이 서늘해져 그대로 퇴각해버렸다."

둘째, 장비가 파군巴郡태수 엄안의 의로움에 감복하여 목숨을 살려주는 대목을 묘사했다.

셋째, 파서巴西 전투에서 장비가 1만여 명의 정예군을 이끌고 장합을 격퇴한 일화를 기록했다.

그렇다면 장비는 어떤 관직을 맡았고 시호는 무엇이었을까? 유비를 따라 조조 수하로 들어간 뒤 여포를 격퇴한 공으로 장비는 중랑장中郎將이라는 직책을 맡게 된다. 그 후 유비가 강남 지역을 평정한 뒤에는 의도宜都태수와 정로征虜장군에 오르는 동시에 신정후新亭侯에 봉해졌다가 다시 남군南郡태수로 제수되었다. 유비가 황제로 즉위한 뒤에는 차기車騎장군으로 임명되어 서향후西鄕侯에 봉해졌고, 사후에는 환후桓侯라는 시호를 받았다. 그리하여 후세 사람들은 장비를 '차기'라는 관직명이나 '환후'라는 시호로 부르기도 한다.

장비는 '만인지적'의 늠름한 대장부로 의롭고 대범한 면모가 있었다. 그래서 진수는 "군자를 공경하고 소인배를 싫어했다"라고 장비를 평가했다. 하지만 한편으로는 "잔혹하고 관대하지 못하여 결국 패하고 말았다"며 그의 단점도 지적했다.

장판파에서 다리를 끊는 장비

나관중은 『삼국연의』에서 다혈질적이고 폭력적인 장비의 성격을 고려해 본래 독우에게 채찍질을 한 일화의 주인공을 유비에서 장비로 바꿔버렸다. 유비의 관대함을 부각시키는 동시에 장비의 사나운 성격을 강조하기 위해서였다. 역사적 사실이라는 관점에서 보면 진실을 분명히 구분해야 할 필요성이 있지만 예술 창작이라는 관점에서 보면 작가의 예술적 기교성이 돋보인다고 할 수 있다.

장비는 다소 사납고 다혈질이었지만 한편으로는 존경할 만한 부분도 있었다. 『삼국연의』에서는 와구애瓦口隘에서 장합과 벌인 전투 장면을 통해 장비의 용맹성과 지략을 집중적으로 묘사했다. 장비가 결코 지략이 부족하고 경솔하기만 했던 인물이 아니었음을 알 수 있는데, 자세한 내용은 다음 장에서 살펴보자.

장비는 정말로 뛰어난 서예 솜씨를 지니고 있었을까?

거칠고 용맹스러웠던 장비에게도 '군자를 공경'한 숨겨진 일면이 있었다.

희극 무대에 등장하는 장비의 캐릭터는 새까만 얼굴에 사납고 경솔한 성격으로 묘사된다. 게다가 입만 열면 고래고래 고함을 지르기 일쑤다. 이렇듯 용맹무쌍하지만 지나치게 폭력적이고 경솔한 장비에게도 색다른 일면이 있었다. 놀랍게도 장비는 뛰어난 글 솜씨의 소유자였던 것이다. 장비가 무예뿐만 아니라 학문에도 일가견이 있었다는 사실을 아는 사람이 과연 얼마나 될까?

남북조 시대의 도홍경陶弘景은 『고금도검록古今刀劍錄』에서 신정후로 봉해진 장비가 대장장이를 시켜 새로이 검을 만든 뒤 '신정후, 촉나라 대장군'이라고 직접 글을 새겼다고 전했다.

명대明代 양신楊慎은 『단연총록丹鉛總錄』에서 "부릉涪陵에 장비의 검이 있는데 그 문자가 매우 정교한 것을 보아 장비가 직접 쓴 글이 분명했다"라고 기록하고 있다.

사실 원명 시대에도 일부 학자들은 장비의 서법에 높은 평가를 내렸다. 심지어는 당시 유명한 대서예가였던 종요鍾繇나 황상皇象 등에 버금갔다고 극찬하기도 했다. 원대 오진吳鎭은 환후사桓侯祠에서 "관후關侯는 『춘추좌씨전』을 즐겨 읽었고, 차기는 붓글씨

경극에 쓰이는 장비 가면 중의 하나

에 공을 들였다. 학문과 무예는 판이하게 다르지만 고대 선조들은 종종 이를 겸비했다"라고 기록한다. 여기서 '관후'는 다름 아닌 관우, 그리고 '차기'는 장비를 가리킨다. 한때 차기장군을 역임했던 관계로 흔히 장비를 차기라고 불렀다.

장비라는 인물의 역사적 진실성과 소설에 묘사되는 캐릭터의 예술성은 후세 사람들에게 많은 영향을 미쳤다. 역사적 사료에서부터 예술적 창작에 이르기까지 장비는 그만의 독특한 매력으로 많은 사람들을 매료시킨다.

마초편

마초의 일생은 어떻게 평가해야 할까?

마초는 서한西漢의 한신과 영포英布에 버금가는 용맹한 장수로, 수차례 지략을 발휘하여 조조를 격파했다. 매번 마초에게 패배를 당하던 조조는 "마초가 살아 있는 한 나는 죽어도 편히 묻힐 땅이 없겠구나!"라고 탄식을 내뱉을 정도였다.

서량태수 마등의 큰아들이었던 마초는 『삼국연의』에서 '금마초錦馬超'라는 별명으로 불렸다. 생김새가 분을 바른 듯 뽀얀 피부에 입술이 붉었으며, 늠름한 체격에 목소리가 우렁찼다. 또한 항상 사자머리 투구를 쓰고 은으로 만든 갑옷과 흰색 도포를 즐겨 입었다. 훗날 유비는 마초의 늠름하고 훤칠한 모습을 보고 "과연 소문 그대로구나!"라고 감탄해 마지않았다.

마초의 일생은 조조와 대치하던 전반기와 유비의 수하 장수로 들어간 후반기로 나눌 수 있다. 『삼국연의』에서 마등은 황제의 밀명을 받고 군사를 일으켜 조조를 없애려다 비밀이 누설되어 죽임을 당한다.

이때 서량에 머물고 있던 마초는 아버지의 원수를 갚기 위해 군사를 일으켜 장안長安과 동관을 함락시키고 조조군으로부터 대승을 거둔다. 당시 전투에서 마초는 조조의 수하 장수들인 장합, 이통李通을 차례로 죽이며 파죽지세로 쳐들어갔다. 혼비백산한 조조는 추격하는 마초를 따돌리기 위해 붉은 홍포를 벗어던지고 급기야는 수염까지 자르고서야 겨우 목숨을 구할 수 있었다. 가까스로 목숨을 구한 조조는 "마초가 살아 있는 한 나는 죽어도 편히 묻힐 땅이 없겠구나!"라고 탄식했다.

그 후 조조의 이간질로 마초와 한수는 원수지간이 되고, 옆에서 보좌해주는 책사가 없었던 마초는 결국 패하고 말았다.

이후 마초는 한중의 영주 장로에게 몸을 의탁하게 된다. 이어서 장로의 명에 따라 유장劉璋을 도와 장비와 막상막하의 결전을 치른다. 이때 유비가 사람을 시켜 마초에게 투항을 권고하면서 유장의 문제를 해결한다.

『삼국지』의 기록에 따르면, 마초는 유비와 직접적으로 교전하지는 않았다. 그가 한중에 있을 때 유비는 이회李恢를 파견하여 그에게 투항을 권유했다. 그러자 마초는 그의 뜻을 따라 유장에게 항복을 강요했고, 덕분에 유비는 한중을 점령하고 한중왕漢中王이 되었다. 유비는 황제에게 표문表文, 황제에게 올리는 글을 올려 그 일을 보고하면서 마초의 이름을 일순위로 올리고 그 뒤를 이어 제갈량, 관우, 장비 등 백이십여 명의 이름을 올렸다.

마초

이렇듯 마초는 당시 높은 지위를 누리며 큰 영향력을 행사했지만 평소 사소한 시비에 휘말리지 않도록 매사에 신중했다. 한번은 유비에게 불만을 품고 있던 팽양彭羕이 찾아와 모반할 것을 제의했다. "경이 밖에서 치고 내가 안에서 치면 천하를 차지할 수 있을 것이오." 팽양은 유비에 대한 욕설까지 거침없이 퍼부었다.

이에 마초는 내심 깜짝 놀랐지만 겉으로는 애써 태연한 척하며 묵묵부답으로 일관했다. 팽양이 돌아간 후 유비에게 곧장 보고를 올렸고, 결국 팽양은 감옥에 갇혀 죽임을 당했다.

유비가 황제로 즉위한 지 2년째 되던 해222년, 마초는 향년 47세의 나이로 병사했다. 그는 임종 전에 상소를 올려 "이백여 명에 달하던 신의 가솔과 친족은 모두 조조에게 죽임을 당하고, 남아 있는 혈육이라고는 사촌동생 마대馬岱 뿐입니다. 아무쪼록 마대가 가문을 이어갈 수 있도록 폐하께서 보살펴주시기를 부탁드립니다"라고 말했다.

마대는 훗날 평북平北장군으로 추대되었고, 진창후陳倉侯라는 작위를 받았다.

마초의 일생을 훑어보면 전반기에는 조조에게 대항하면서 뛰어난 군사적 능력을 아낌없이 발휘했다. 이는 『삼국연의』에 나오는 마초의 일화에서도 고스란히 드러난다. 그리고 유비의 수하 장수로 있던 후반기에는 매우 신중하고 조심스러운 처세술을 보였다. 팽양의 일화가

한수

가장 대표적인 예라고 할 수 있다.

　임종을 앞둔 마초의 유언 역시 짧지만 매우 감동적인 여운을 남긴다. 한 치 앞도 내다볼 수 없는 격변의 시대에 내로라하는 명문대가도 힘없이 스러져가는 모습을 엿볼 수 있다.

제갈량은 정말로 황충에게 자극 요법을 사용했을까?

『삼국지』에 실린 황충의 전기는 매우 짧으며, 심지어 배송지는 아예 주석조차
달지 않았다. 노장 황충에 관한 사료가 매우 부족했음을 알 수 있다.

황충

『삼국연의』에서 황충은 가맹관葭萌關 전
투와 정군산定軍山 전투에서 혁혁한 공
을 세운 인물이다. 제갈량의 '자극 요
법' 덕분에 불굴의 투지력을 발휘하여
이끌어낸 승전이었다.

첫 번째 가맹관 전투는 조조의 수하
장수였던 장합이 병사를 이끌고 가맹관
을 공격해오면서 시작되었다. 이때 제
갈량은 낭중閬中을 수비하고 있던 장비
를 불러들여야만 조조의 군사들을 막아
낼 수 있다고 주장했다. 황충이 나서서

하후연

전투에 출전하기를 청했지만 제갈량은 나이가 많아 장합의 적수가 되지 못한다며 짐짓 그를 무시했다. 이에 격분한 황충은 칼을 휘두르며 활을 반 토막으로 잘라서 자신의 녹슬지 않은 무예 솜씨를 뽐냈다. 마침내 제갈량의 허락을 받고 출정한 황충은 적군을 대패시키고 조조군이 군량미를 비축해뒀던 천탕산天蕩山을 빼앗았다.

두 번째로 정군산을 공격할 때, 유비가 황충을 파견하려고 하자 이번에도 제갈량이 만류하며 나섰다. 그는 "하후연은 장합과 비교가 안 될 만큼 뛰어난 장수입니다. 도략이 깊고 각종 병기에도 능통하기 때문에 형주에 주둔하고 있는 관우만이 그와 대적할 수 있습니다"라는 말로 또다시 황충의 자존심을 자극했다. 투지심이 불타오른 황충은 이번에는 자신을 보좌해주던 엄안의 도움도 마다한 채 혼자 힘으로 하후연의 수급을 베었다. 이렇듯 황충은 두 차례에 걸쳐 조조군을 대파시키면서 세간에 명성을 날렸다.

나관중은 기본적으로 사료에 기록된 내용을 골자로 하여 황충의 일화를 엮었는데, 『삼국지. 촉서. 황충전黃忠傳』에는 이렇게 기록되어 있다.

"조조군이 군사적 요충지인 가맹관을 공격해오자 유비는 즉시 황충을 파견했다. 황충은 조조군의 군량이 비축되어 있던 천탕산을 급습해 가맹관을 위험에서 지켜냈다. 정군산 전투에서는 하후연이 직접 군사를 이끌고 맞섰다. 황충은 선두에서 지휘하며 군사들의 사기를

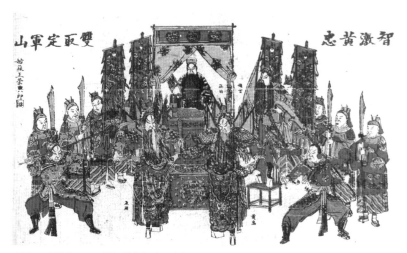

소주蘇州 도화오桃花塢 연화 〈황충을 자극하다〉

진작시켜 파죽지세로 조조군을 격파하고 하후연의 수급을 베었다.”

　사료의 기록에서 알 수 있듯이 황충이 두 차례의 전투에서 대승을 거둔 것은 제갈량과 아무런 상관이 없다. 이른바 '자극 요법'이라는 표현은 역사서 어디에서도 찾을 수 없다. 하지만 나관중은 『삼국연의』에서 제갈량의 뛰어난 용병술을 부각시키기 위해 황충이 늙은 나이임에도 용장의 기개를 펼치는 대목을 중점적으로 묘사했다. 또한 생동감을 불러일으키기 위해 인물 관계, 대화, 인물의 행위를 세부적으로 다루었다. 특히 전투에 파견되는 배경을 묘사할 때는 인물들의 대화를 자세하게 그려 독자들이 실제 인물을 보는 듯한 착각에 빠질 정도였다. 총명하고 지략이 풍부한 제갈량과 노장 황충은 소설 속에서 생동감 넘치는 재미를 선사했다.

　『삼국연의』에서 엄안은 황충을 보좌하는 부하 장수로 등장하는데,

사실은 이것도 소설적 허구성이 가미된 것이다. 엄안은 파군태수로 본시 유장의 부하였다. 『삼국지. 촉서. 장비전』에 따르면, 생포된 뒤에도 죽음을 두려워하지 않는 엄안의 기개를 높이 평가한 장비가 그의 포박을 풀어주고 손님처럼 깍듯이 대했다고 한다. 그러나 그 후 엄안이 어떻게 되었는지에 대해서는 더 이상의 언급이 없다. 나관중은 창의력을 발휘하여 황충을 빛내는 보조 인물로 엄안을 재등장시켰다.

촉나라 장수 가운데 조운의 서열은?

유비에게 "자룡의 몸은 담력 덩어리구나!"라는 탄사를 들었던 조자룡趙子龍은 장판과 전투에서 혈혈단신으로 유비의 아들 아두를 구해 자손대대로 명성을 날렸다.

『삼국연의』에서 유비의 수하에는 관우, 장비 등 다섯 명장이 있었는데, 흔히 '오호장五虎將'이라고 불렸다. '오호'라는 호칭은 원대 관한경關漢卿의 잡극 〈오후연五侯宴〉에서 비롯되었다. 역사적 사실의 관점에서 비춰봤을 때 '오호'는 그릇된 칭호이지만 다섯 명장의 존재는 사실이었다.

진수는 『삼국지』에서 관우, 장비, 마초, 황충, 조운의 순으로 다섯 명장을 한 권에 묶어 기록했다. 그런데 조운은 왜 서열이 제일 마지막이었을까? 나관중은 왜 『삼국연의』에서 관우, 장비, 조운, 마초, 황충의 순서로 서열화했을까?

『삼국지』의 기록에 따르면 관우와 장비는 '만인지적'이라고 일컬을 만큼 용맹무쌍한 용장이었다. 게다가 유비와는 호형호제하는 사이였으며 수많은 공적을 세웠으니 두 사람이 서열의 앞자리를 차지하는 것은 당연했다. 마초 역시 무장武將 가문 출신으로 관우와 장비에 뒤지지 않는 뛰어난 무예 솜씨를 갖추고 있었다. 세 사람은 모두 작위를 받았는데, 관우는 한수정후漢壽亭侯, 장비는 신정후, 마초는 도정후都亭侯로 봉해졌다. 『삼국지. 촉서. 선주전』에 따르면 건안24년219년에 유비가 한중왕이 되면서 한 헌제에게 표문을 올렸다. 이때 표문의 제일 첫머리에 이름이 실린 이가 바로 마초였다. 촉한에서 마초가 크게 인정받는 지위에 있었음을 보여주는 대목이다.

황충은 본시 조조의 부하 장수로 유비에게 귀순한 뒤 유장을 물리치고 토로討虜장군으로 임명되었다. 특히나 정군산 전투에서는 하후연을 죽이고 전략 요충지를 빼앗는 큰 공을 세워 정서征西장군에 제수되었다.

조운

마초와 황충은 확실히 조운보다는 서열이 위라고 할 수 있다. 유비가 한중왕이 되었을 때 관우, 장비, 마초, 황충은 모두 작위를 받아 제후에 봉해졌다. 그런 한편, 조운은 유선유비의 아들, 흔히 아두라고 불림이 황제에 즉위한 건흥 원년223년에서야 작위를 받았다. 즉 조운은 유비 생전에 작위를 받지 못했다. 유비는 관우, 장비, 마초, 황충을 전후좌우 대장군으로 봉했고 조운은 그 아래 서열의 익군翊軍 장군으로 임명했다.

진수가 조운을 맨 마지막 서열에 나열한 것은 이러한

역사적 사실과도 부합한다. 하지만 오늘날 현대인들은 누구보다 '온몸이 담력 덩어리'였으며, 혼자 힘으로 조조의 적진에서 공자 아두를 구출한 조운에게 열광한다. 조운의 일화가 마초나 황충의 일화보다 훨씬 생동감 넘치고 흥미진진한 것은 배송지가 주석을 단 「조운별전趙雲別傳」때문이다. 1천 자에 달하는 「조운별전」은 본래 275자에 불과했던 진수의 「조운전趙雲傳」보다 분량이 크게 늘어났다.

조운은 담력이 있고, 지혜와 용맹성을 갖췄으며 매우 현명한 인물이었다. 이는 훗날 나관중이 『삼국연의』에서 조운의 대범하고 용맹스러운 캐릭터를 만드는 데 좋은 자료가 되었다. 또한 나관중의 소설에서 조운은 관우와 장비 뒤를 이은 세 번째 서열의 중요 인물로 크게 부각되었다.

조운은 정말로 일흔 살의 노익장이었을까?

조운은 결코 늙지 않았다. 제갈량이 북벌을 위해 기산祁山을 공격할 때 등지鄧芝와 함께 병사를 이끌고 출전했다.

『삼국연의』제91회에서는 남쪽 정벌을 끝낸 제갈량이 북벌을 위해 출사표를 작성하고 서기 228년에 전격적으로 기산을 공격하는 대목이 나온다.

제갈량이 여러 장수들을 불러 모아 전략에 따른 명령을 내릴 때다. 갑자기 군영의 장막을 걷고 노장이 들어서더니 큰 소리로 외쳤다. "내

한덕의 다섯 부자를 죽이는 조자룡   계양군을 손에 넣은 조자룡

비록 나이는 많으나 염파廉頗, 조趙나라의 명장와 마원馬援, 후한의 장군의 용맹
성에 뒤지지 않소. 이 두 사람 모두 뒷방 늙은이로 물러앉지 않고 노익
장을 과시했는데 어찌 나를 쓰지 않는 것이오?" 장수들이 돌아보니 다
름 아닌 조운이었다. 제갈량은 조운의 뜻대로 그를 선봉장으로 삼아
출정시켰다. 그리고 조운이 승전을 거두고 한덕韓德과 네 아들의 목을
베어오자 사람들은 다음과 같은 시로 그를 칭송했다.

상산常山의 조자룡 그 이름을 생각하노라
나이 칠십에 기이한 공을 세웠다네.
혈혈단신 적진을 활보하며 네 장수의 목을 베었으니
그 옛날 당양에서 주인 구한 그 영웅이라.

청양淸楊 유청柳靑의 연화 〈당양의 장판파〉

　조운의 부하 장수였던 등지는 "장군의 춘추가 이미 일흔인데 용맹
스럽기가 예전과 같습니다!"라고 탄사를 늘어놓았다.

　이때 조운의 나이가 일흔이었다는 『삼국연의』의 내용을 근거로 추
산하면, 조운은 동한東漢 환제桓帝 연희延熹 원년158년에 태어난 셈이다.
즉 유비보다 두 살이 많았던 것이다. 이는 곧 조운이 처음 유비 수하로
들어갔을 당시 그의 나이가 서른세 살이고, 적벽대전 이후 강남 지역
의 계양군을 공략했을 때는 쉰 살이었다는 사실을 의미한다. 여기서
배송지의 「조운별전」에 나오는 다음의 내용에 주목해보자.

　"강남을 평정한 뒤 조운은 편장군偏將軍으로 승진하는 동시에 계양태
수로 임명되어 조범趙範을 대신하게 되었다. 당시 조범에게는 번樊씨라
는 형수가 있었는데 용모가 매우 뛰어난 미인이었다. 이에 조범이 두
사람을 짝지어 주려고 했지만 조운은 한사코 사양했다."

　조운이 유비를 따라 전쟁터를 누비느라 결혼을 늦게 했다는 점은 충

분히 이해할 만하다. 그러나 쉰 살 이후에야 혼인을 한다는 것은 당시 풍습에 비춰보았을 때 이치에 맞지 않음을 알 수 있다. 그렇다면 조운의 정확한 생년월일은 어땠을까?

『삼국지. 촉서. 조운전』에는 조운의 생년월일이 명확하게 밝혀져 있지 않다. 그래서 우리는 다만 「조운별전」의 내용만 참조할 따름이다. 「조운별전」에 보면, 조운은 본시 진정현眞定縣 출신으로 병사를 이끌고 공손찬 휘하로 들어갔다. 이때가 동한 초평 원년190년 즈음으로 그의 나이는 열여덟에서 스무 살 안팎이었다고 기록되어 있다. 그렇다면 조범이 그와 번씨를 짝지어 주려고 했을 때는 대략 서른 살 즈음으로 추산할 수 있다. 『삼국연의』의 기록보다는 훨씬 설득력 있는 내용이다.

다시 말해서, 『삼국연의』에서 조운이 기산으로 출정할 당시 그의 나이가 일흔 살이었다는 내용은 나관중이 조운의 용맹성을 극대화하기 위해 꾸며낸 허구임을 알 수 있다.

제갈량은 정말로 마속의 목을 베었을까?

마속은 제갈량과 부자지간의 정을 나누었다. 그러한 마속의 목을 베었을 때
제갈량의 심정이 얼마나 복잡했을지는 충분히 이해하고도 남음이 있다.

역사적 사실의 관점에서 볼 때, 『삼국연의』의 공성계空城計는 거짓이지
만 가정街亭을 잃은 일 때문에 마속이 죽음을 당한 일은 실제 있었던 사
실이다.

가정은 지금의 간쑤甘肅성 친안현秦安縣에서 북쪽 45킬로미터 떨어진
룽청진隴城鎭으로, 당시 한중 지역으로 통하는 길목으로써 매우 중요한
전략적 요충지였다.

촉 건흥5년227년, 제갈량은 후주後主 유선에게 출사표를 올린 뒤 군사
를 이끌고 위나라를 치기 위해 북벌에 나섰다. 이는 첫 번째 북벌로, 자
신이 직접 선봉에 나서서 한중에 군사를 주둔시켰다. 그리고 이듬해228
년에는 기산으로 출정했다. 이때 선봉장을 맡은 사람은 누구였을까?

당시 선봉장의 직책을 맡을 만한 인물로는 위연魏延과 오의吳懿가 있

었다. 둘 다 전투 경험이 풍부한 노장이었다. 위연은 유비가 황제로 즉위할 때 이미 진북鎭北장군으로 임명되었으며, 유선이 제위에 오른 뒤에는 도정후에 봉해졌다. 처음 북벌에 나설 때 위연은 승상사마丞相司馬, 양주자사涼州刺史직에 있었다. 선봉장을 맡기에 충분한 자격이 있었던 것이다.

오의는 유비의 처남으로, 그의 여동생이 바로 목穆황후다. 유선이 즉위하면서 그는 황태후의 오라비로 지위가 격상되었고, 당시에 차기장군

경극에 나오는 마속의 가면

으로 현후縣侯에 봉해졌다. 그 역시 선봉장으로 적임자였다.

이들과 비교하면 마속은 실전 경험이 없을 뿐만 아니라 군대에서의 명성도 위연이나 오의보다는 한참 떨어지는 인물이었다. 『삼국지. 촉서. 마속전』에 따르면, 그는 형주종사荊州從事의 신분으로 유비를 따라 촉으로 건너왔다. 면죽綿竹과 성도成都의 현령을 맡다가 훗날 월수군越雟郡의 태수직에 임명되었다. 첫 번째 북벌 때 마속의 직위는 참군參軍에 불과했지만 능수능란한 전략으로 제갈량의 깊은 신임을 얻고 있었다. 하지만 이렇듯 뛰어난 전략가임에도 군사를 이끌고 전쟁터를 누비는 실전에는 문외한이나 다름없었다.

그럼에도 제갈량의 명령으로 마속이 선봉장을 맡아 군사를 이끌고 가정으로 출정했다. 『삼국지. 위서. 장합전張郃傳』에 따르면, 마속이

이끌던 대군은 전투 경험이 풍부한 위나라 장수 장합이 수로를 끊어 궁지에 몰아넣는 바람에 결국 일망타진당하고 말았다.

왕평王平은 본시 조조의 수하 장수로 촉나라에 투항한 인물이었다. 당시 마속의 수하 부장으로 수차례 간언을 했지만 마속이 외면하는 바람에 위나라 군에게 대패하고 말았다.

마속은 『삼국연의』에서처럼 참수당한 게 아니라 감옥에 갇혀서 옥사했다. 『삼국지. 촉서. 마속전』에 따르면, 마속은 죽기 전에 제갈량에게 서한을 보냈는데 참으로 애절한 내용이었다.

"저를 친아들처럼 어여뻐 여기시고 저 또한 친아비처럼 공경했습니다. 옛날에 곤鯤, 우禹왕의 아버지이 죄를 지어 죽임을 당했을 때 순舜임금은 곤의 아들 우를 기용하여 아비의 일을 대신하게 했습니다. 공께서도 그처럼 소인의 아랫사람들을 기용해주신다면 죽어도 여한이 없겠습니다."

역사적 기록에 따르면, 마속이 죽었을 때 그의 수하 군사들 십만여 명이 눈물을 흘리며 애도했고, 제갈량 역시 직접 제사를 지내고 그의 자식을 후히 대해주었다고 전하고 있다.

마속의 제사를 지낼 당시 제갈량의 심정은 참으로 복잡다단했을 것이다. 사실 앞서 유비가 임

가정을 잃다.

132

종을 맞이했을 때 제갈량에게 "마속은 허풍스러운 면이 있으니 크게 기용해서는 안 될 것이오. 그 점을 명심하도록 하오"라고 당부했지만 제갈량은 이를 무시했다. 또한 선봉장을 결정할 당시 위연과 오의 등을 천거하던 여러 대신들의 의견을 무시한 채 독단적으로 마속을 뽑지 않았던가? 이때 제갈량과 이견을 보였던 주요 인물이 바로 이엄이었다.

이엄은 유비가 임종시 제갈량과 더불어 유선의 보필을 부탁했던 중신이었다. 북벌을 준비할 당시 이엄은 제갈량과 의견이 일치하지 않아 심한 갈등을 일으켰다. 이런 상황에서 결국은 아들처럼 여기던 마속의 잘못으로 패전하자 제갈량은 극도로 상심하고 말았다. 스물일곱 살 때부터 유비를 따라 전장을 누비면서 수많은 전략들을 구사하며 승승장구했던 제갈량이었다. 그러나 최초의 북벌에서 가정과 세 개 군을 연달아 잃고 대실패를 거두고 말았으니 어찌 상심이 크지 않았겠는가?

제갈량은 서른아홉의 젊은 나이에 죽어간 마속을 애석해했으며, 유비의 충고와 여러 중신들의 의견을 무시한 채 독단적으로 마속을 임용했던 자신의 실수를 애통해했다. 그는 북벌의 실패에 자책하며 스스로 직위를 우장군으로 강등했다.

위연은 정말로 제갈량에게 '반역자'로 점 찍혔을까?

위연은 전투에 능한 촉한의 대장군으로 유비가 직접 발굴하여 키운 심복이었다. 처음 촉한에서는 조운보다 직위가 낮았지만 건국 초에 이르러서는 훨씬 높은 직위로 올랐다.

위연은 제갈량이 북벌을 진행하는 과정에서 가장 많은 전투를 치렀던 장수로 총 여섯 차례의 북벌 중 다섯 번이나 참여했다. 제갈량의 수하 장수들 가운데서 보기 드문 사례였는데, 다른 장수들의 참여 횟수는 대략 다음과 같았다.

- 유염劉琰: 5회
- 오의: 4회 혹은 3회
- 강유: 5회
- 고상高翔: 2회 혹은 3회
- 등지: 2회

- 진식陳式: 2회
- 왕평: 4회
- 조운: 1회

『삼국지. 촉서. 위연전魏延傳』에 따르면, 건안24년219년 한중을 점령한 유비는 위연을 한중의 최고 장관직과도 다름없는 진원鎭遠장군, 한중태수에 임명했다. 그 후 유비가 황제로 즉위하면서 위연은 진북장군으로 승진했다.

건흥5년227년, 북벌을 준비하던 제갈량은 한중에 주둔하면서 여러 장수들을 불러 모았다. 이때 위연은 한중태수 직을 그만두고 제갈량이 거느리는 북벌대군의 선봉 사령관에 임명되어 승상의 대군을 지휘하는 최고 책임자가 되었다. 이때 조운의 직위는 진동鎭東장군에 불과했지만 위연에 못지않은 군권을 휘둘렀다. 그래서 제갈량은 첫 북벌을 위해 기산으로 떠날 때 조운과 등지를 선발대로 뽑아 적을 유인하도록 했다. 위연이나 오의를 배제한 채 선봉대장으로 마속을 임명한 뒤 주력 부대를 이끌고 출정했으나 이는 측근을 선호한 제갈량의 크나큰 실책이었다.

위연은 명실상부한 대장감이었다. 한중에서 수년 동안 머물렀던 까닭에 근방의 지리를 꿰뚫고 있었지만 제갈량과 의견 대립으로 결국엔 선봉대장에서 배제되고 말았다. 가정을 잃은 것은 제갈량의 불공평한 용병술에서 비롯되었다. 이후 북벌 때부터는 위연이 선봉대장을 맡으면서 연달아 승리를 거두었다.

건흥8년230년, 위연과 오의는 서쪽의 강중羌中으로 진입하여 양계陽谿

에서 위나라의 후장군 비요費曜와 옹주자사雍州刺史 곽회郭淮 등과 대전투를 벌였다. 곽회 등을 크게 격파시킨 공로로 위연은 전군사정서대장군前軍師征西大將軍, 가절假節로 승진했으며 남정후南鄭侯에 봉해졌다. 위연의 관직은 더욱 높아졌고 비록 제갈량 휘하의 장수였지만 총사령관 역할을 톡톡히 했다.

『삼국지. 촉서. 위연전』에 따르면, 건흥12년234년 중병에 걸린 제갈량은 자신에게 가망이 없음을 깨달았다. 제갈량은 자신이 죽은 뒤 군사를 철수할 방안을 세세히 가르치는 동시에 위연이 반기를 들 상황까지 미리 예측하여 은밀히 지시를 내렸다.

"위연에게는 적의 추격을 차단시키도록 하고, 강유에게는 그 앞에 위치하도록 하라. 만일 위연이 혹시라도 명령을 따르지 않을 경우에는 군대를 그대로 출발시키도록 하라."

그 후 이 사실을 알게 된 위연은 불만을 터뜨리며 자신의 주장을 내세웠다. "승상은 비록 죽었지만 나는 건재하오. 승상의 신임을 받는 관리들은 시신을 운반해 귀국하여 장례를 치르도록 하시오. 나는 직접 병사들을 인솔하여 적을 공격할 것이오. 어떻게 한 사람이 죽었다고 해서 천하의 일을 내팽개칠 수 있겠소? 나 위연이 어떤 사람인데 제갈량이 시키는 대로 후방이나 막는 보잘것없는 장수 노릇을 하겠소이까?"

『삼국지』에서는 위연의 남다른 성격을 기술하며 비교적 공정하게 그의 인물 됨됨이를 평가했다. "위연은 평상시 여러 장수들과 항상 의견이 달랐다. 또한 제갈량을 대신할 사람은 자신이라는 것을 여론이 믿고 편들어주기를 바랐을 뿐이다. 위연의 본래 뜻은 촉나라를 배반하려고 했던 것이 결코 아니었다."

하지만 『삼국연의』에서는 달랐다. 위연을 제갈량의 초인적인 예지력을 빛내주는 하나의 조연 배우로 만들었던 것이다. 당시 장사에서 처음으로 위연을 만난 제갈량은 그가 훗날 반역을 꾀할 상이라고 단언했다. 그래서 등지에게도 이렇게 위연을 평가했다. "위연은 본래 반역할 상이오. 나에게 불평을 품고 있음을 나도 잘 알고 있소. 그의 용맹성이 아까워서 지금까지 곁에 두고 있으나 언젠가는 반드시 화를 입게 될 것이오." 『삼국연의』 제100회

〈 제갈량의 여섯 차례 북벌의 주요 전투 요약 〉

연도	주요 전투	역사적 사실	『삼국연의』	비고
촉한 건흥 6년 228년, 위 태화太和 2년 봄	가정 전투	선봉대군은 가정, 열류성列柳城에서 궤멸당하고, 조운은 기곡箕谷에서 패한다.	동일함	첫 번째 기산을 향해 출정한다.
겨울	진창陳倉 전투	산관散關을 나와 진창을 포위했으나 군량미가 바닥이 나서 후퇴하며, 왕쌍王雙의 목을 벤다.	진창을 공격하나 학소郝昭에게 패한다.	―
건흥7년 봄, 태화2년	무도武都, 음평陰平 전투	진식을 파견하여 무도, 음평을 취한다.	조진曹眞, 사마의와 대전투를 벌인다.	주력 부대는 위나라 군사와 교전하지 않았다.
건흥8년 가을, 태화3년	양계 전투	조진, 사마의, 장합이 세 갈래 길로 나누어 한중을 공격하나 큰 비로 길이 끊겨 갇히고 만다. 위연, 오의는 양계에서 곽회를 대파한다.	큰 비로 조진의 주력 부대를 대파한다.	손권이 황제에 즉위한다.
건흥9년 봄, 태화4년	상규上邽 전투	사마의와 대치하나 군량미가 바닥나서 후퇴하여 장합의 목을 벤다.	사마의의 주력 부대를 격파한다.	두 번째로 기산을 향해 출정한다.
건흥12년234년 봄	무공武功 전투	사곡斜谷을 빠져나와 사마의와 대치하다 오장원으로 물러난다. 제갈량이 병사한다.	상방곡上方谷에 사마의 부자를 공격한다.	―

『삼국연의』의 광범위한 문화적 전파력과 영향력 때문에 위연은 소설 속에 등장하는 이미지 그대로 후세 사람들의 머릿속에 각인되고 말았다. 그러나 이는 역사적 사실에 위배된 내용으로 위연 자신은 물론이거니와 제갈량의 이미지에도 크나큰 타격이라고 할 수 있다.

제갈량의 죽음은 과연 위연 때문이었나?

위연은 역사적 평가가 엇갈리는 인물로 역사적 사건에 억울하게 연루되었다.

『삼국연의』에는 오장원에서 제갈량이 북두칠성에 제사를 지내고 수명을 연장시키려고 시도하는 대목이 나온다. 이 방법이 성공하면 그는 앞으로 12년을 더 살 수 있었다.

제갈량은 먼저 군영의 막사 안에 일곱 개의 등잔을 밝혔다. 그 둘레로 다시 마흔아홉 개의 작은 등불을 세워놓은 뒤 한가운데는 북극성을 상징하는 커다란 주등主燈을 놓았다. 끊임없이 피를 토하는 병중에도 낮에는 전략을 짜고 전세를 가다듬는 한편, 밤에는 북두칠성에 기도를 올렸다.

그러던 어느 날, 위나라 군사가 급습해오자 다급해진 위연이 허겁지겁 막사 안으로 들어서다 그만 주등을 발로 차서 불을 끄고 말았다. 이에 제갈공명은 자신의 수명이 다했음을 깨닫고 한숨을 내쉬었다.

임종이 가까워진 제갈량은 위연이 반역을 일으킬 것이라 예측하고 특별히 양의楊儀에게 금낭 한 개를 건네주었다.

"내가 죽으면 위연이 필시 모반할 것이오. 위연과 칼을 겨누게 되면 그때 이 주머니를 열어보시오. 위연의 목을 벨 계책이 있을 것이오."

훗날 위연이 반역을 꾀해 대치 상태에 빠지게 되자 양의는 금낭을 열었다. 금낭에 적힌 묘책대로 위연이 큰 소리로 "누가 감

제갈량이 별을 살피던 누각

히 나를 죽이겠느냐?"라고 세 번을 외치도록 꼬드겼다. 과연 자만심에 사로잡힌 위연이 큰 소리로 세 번을 외치자마자 갑자기 등 뒤에서 마대가 바람처럼 나타나 단칼에 목을 베어버렸다. 나관중은 이처럼 위연이 제갈량의 수명 연장을 실패로 돌아가게 한 죗값을 죽음으로 치르게 했다. 하지만 이는 역사적 사실과 전혀 다른 허구에 불과하다.

제갈량은 군사를 이끌고 사곡을 빠져나와 위수 남쪽에서 사마의와 대치했다. 하지만 누적된 과로와 병으로 오장원에서 병사하는데, 이때 그의 나이 쉰다섯이었다. 제갈량은 임종 전에 철군 계획과 조정의 정사를 어떻게 처리해야 하는지 자세히 기록해서 남겨두었다. 그리고 강유에게 세 가지 일을 당부했는데, 첫째는 자신의 죽음을 비밀로 하고 초상을 치르지 말 것, 둘째는 강유가 후방의 추격을 맡되 적군이 눈치채지 못하도록 조용히 철군할 것, 셋째는 자신이 죽고 나면 위연이

모반을 일으킬 것이니 이에 대비할 것이었다. 첫째와 둘째는 사료에 그 기록이 남아 있으나, 셋째는 역사적 사실이 아닌 허구다.

용맹스럽고 전쟁에 능수능란했던 위연을 제갈량은 높이 평가했다. 동시에 양의와 위연 간에 종종 일어나는 갈등 문제도 잘 알고 있었다.

사실 제갈량은 철군 계획을 세울 때 먼저 위연에게 후방의 추격을 막도록 지시했다. 그래서 "만일 위연이 혹시라도 명령을 따르지 않을 경우에는 군대를 그대로 출발시키도록 하라"『삼국지. 촉서. 위연전』라고 강유에게 말했던 것이다. 제갈량이 죽고 난 뒤 위연과 양의는 더욱 첨예하게 대립하였다. 둘 다 앞다투어 상대방이 반역자라고 고하는 상소문을 조정에 올렸다. 이런 와중에 수세에 몰리게 된 위연이 한중으로 도망치자 양의는 마대를 파견해 그의 목을 베었다. 마대가 위연의 목을 베어오자 양의는 그의 수급을 짓밟는 것도 모자라 위연의 가문 삼대를 멸족시켰다.

위연의 죽음에 대해서는 지금까지도 의견이 분분하지만 "위연이 필히 모반할 것이다"라는 제갈량의 말은 어디까지나 허구라는 사실을 잊지 말아야 한다. 마찬가지로 사료에서도 밝혔듯이 제갈량의 죽음은 위연과 아무런 연관이 없다. 『삼국연의』에서 위연에게 제갈량의 죽음에 대한 책임을 뒤집어씌운 것은 어디까지나 제갈량의 지략을 돋보이게 하기 위한 소설적 장치였다.

제갈량은 스물일곱 살에 유비를 보좌하기 시작했고 쉰네 살에 병사했다. 임종을 앞둔 가운데서도 그는 여러 가지 일들을 어떻게 처리해야 하는지 일목요연하게 정리하여 남겨두었는데, 그 가운데서도 주목해야 할 점은 인재 기용이었다. 어떤 내용이었는지 살펴보자.

제갈량의 후임자는 정말로 강유였나?

제갈량이 첫 번째로 지목한 후임자는 장완이었다. 그는 후주 유선의 두터운
신임 아래 제갈량이 생전에 지녔던 전권을 행사하며 국정을 쥐락펴락
했고, 유선은 장완이 죽고 나서야 스스로 친정을 하기 시작했다.

『삼국연의』 제105회 중에는 제갈량이 죽고 난
뒤를 이렇게 묘사하고 있다.

"제갈량의 유언을 좇아 장완의 관직을
더해서 승상, 대장군, 녹상서사錄尙書
事에 임명했고, 여기에 비위를 상서
령으로 제수하여 승상의 직무를 함
께 수행토록 했다. 오의를 차기장군
으로 품계를 올려 한중을 다스리게
하고, 강유는 보한輔漢장군에 임명
하는 동시에 평양후平襄侯로 봉해

장완

비위

오의와 함께 한중에 군사를 주둔시켜 나라 군사를 방어토록
했다." 하지만 이 문장 이후 그 어디서도 장완은 출현하지
않았다. 비위 역시 강유로 말미암아 출정을 못
했다는 몇 마디만 언급되어 있을 뿐이다.

다시 말해서, 『삼국연의』에서는 제갈량이 죽
고 난 뒤 장완이 국정을 다스렸던 건흥12년234년
가을부터 연희9년246년까지의 기간과 비위가 정권을 장
악했던 이후 20여 년간의 내용이 전부 생략되어 있다.
그 이유는 물론 강유의 이야기를 집중적으로 조명하
며 제갈량의 북벌 계승자로 부각시키기 위해서였
다. 과연 강유는 제갈량이 가장 신임하던 후임자답
게 죽을 때까지 충성을 바쳤으며 비록 패했지만 영
예로웠다.

강유

문학적 관점에서 보자면 『삼국연의』의 내용 각색은 예술적 창의력
이 돋보이지만 역사적 관점에서 비춰본다면 역사적 사실을 심각하게
왜곡시키고 있음을 알 수 있다.

『삼국지. 촉서. 강유전姜維傳』에 따르면, 제갈량이 죽은 뒤 강유는
성도로 돌아와 우감군右監軍 보한장군이 되어 군을 통솔했고, 더불어
평양후에 봉해졌다. 장기간 장완을 수행하며 한중에 군사를 주둔시켰
다. 연희6년243년, 진서鎭西대장군으로 승진되었는데, 이때 마충은 진
남鎭南대장군, 왕평은 진북鎭北대장군으로 각각 임명되었다.

강유가 군권을 장악한 것은 제갈량이 죽고서 20여 년이 지난 뒤였
다. 연희16년253년 대장군 비위가 암살당한 이듬해, 강유는 위장군衛將

軍에 임명되는 동시에 독중외군사督中外軍事의 직위가 더해지면서 대권을 장악했다. 이어서 그는 대규모 북벌 전쟁을 준비하기 시작했다.

강유의 대군은 어디서 투항했는가?

강유는 삼국 후기를 대표하는 뛰어난 인재였다. 『삼국연의』에서 제갈량이 후
임자로 지목한 이도 바로 강유였다. 강유는 아홉 차례에 걸쳐 중원 정벌에 나
서며 충성을 다했지만 끝내 실패하고 말았다.

제갈량은 뛰어난 지략가로 명성이 높지만 국가 사직을 위해 죽는 순간
까지 변치 않던 그의 충성심은 후세 사람들에게 많은 추앙을 받았다.
그러나 일부에서는 제갈량이 인재 양성
에 무관심했다고 지적한다. 물론 또 다
른 일각에서는 촉한은 작은 나라라서
본래 인재가 부족했다고 항변하는 이도
있다. 하지만 사실 제갈량은 인재 양성
에 매우 주의를 기울였다. 그 사례가 바
로 강유다.

『삼국연의』제118회에는 강유가 검
각劍閣에서 종회鐘會와 대치하는 동안 후
주 유선이 성도에서 위나라에 투항하는
대목이 나온다. 이어 장현蔣顯을 파견해

강유

투항할 것을 권하자 강유는 검각 관문 전체를 백기로 뒤덮었다.

제갈첨

이는 어디까지나 소설 속의 내용일 뿐 역사적 사실은 사뭇 다르다. 『삼국지. 촉서. 강유전』의 기록에 따르면, 당시 강유가 한중을 잃고 요화廖化와 함께 음평을 버리고 후퇴하다 장익張翼과 동궐董厥이 이끄는 군사들과 만났다. 이들은 함께 검각으로 물러나 진을 치고 종회에게 저항했다. 종회가 편지를 보내 투항을 권고했으나 강유는 답장하지 않고 진영을 배열하고 요새를 지켰다. 종회는 강유가 철통같이 지키고 있는 검각을 쉽사리 함락시킬 수 없는 데다 군량미 보급로가 멀어서 하는 수없이 철군했다.

그런데 이때 돌발 변수가 발생했다. 등애鄧艾가 몰래 음평을 건너 경곡도景谷道를 지나 촉 땅으로 침입하여 면죽綿竹에서 제갈첨諸葛瞻을 격파시켰다. 면죽에서 검각까지는 300~400리 정도 떨어져 있었지만, 제갈첨의 군사가 대패했다는 소식은 금세 전해졌다. 뿐만 아니라 성도에 있는 후주 유선과 조정에 대해 떠도는 여러 가지 풍문이 들려왔다. 유선이 성도를 굳게 지킬 계획이라는 소문도 있었고, 성도를 버리고 동오로 도망칠 것이라는 둥, 남쪽의 건녕建寧으로 남하할 것이라는 둥 갖가지 추측이 난무했다. 결국 강유는 검각을 버리고 광한군廣漢郡의 처현郪縣을 향해 남하하기 시작했다. 그러자 종회는 호열胡烈, 전속田續, 방회龐會 등을 파견하여 강유를 추격하도록 했다. 한편 등애는 곧장 군사를 이끌고 성도로 진군했고 유선은 그에게 투항해버렸다. 이어서 강유 등에게 사자를 파견하여 종회에게 투항하도록 명령을 내렸다. 광한군 처현에 이른 강유는 병사들에게 병기를 버리라고 지시하고 호열에게 투항한 뒤 종회에게 압송되었다.『삼국지. 촉서. 종회전鐘會傳』

여기서 보듯이 강유 등은 처현까지 내려갔다가 후주의 조서를 받고 위나라 장수 호열에게 투항한 뒤 종회가 있는 부성涪城으로 끌려갔다. 즉 강유는 검각에서 백기를 꽂고 투항한 것이 아니라 처현의 부성에서 투항했던 것이다.

요화편

요화는 어떤 역할을 했는가?

삼국 시대의 하찮은 인물에 불과한 요화에게서 우리는 어쩌면 흥망성패의 원
인을 찾을 수 있을 것이다.

요화는 촉한 후기의 주요 장수로 중국인들 사이에는 "촉나라에는 대
장 삼을 위인이 없어서 요화 같은 인물이 선봉이 되었다"라는 속담이
있다.

『삼국연의』에는 요화가 제갈량과 강유를 따라 차례로 북벌에 나서
혁혁한 공훈을 세우는 장면이 나온다. 한번은 전투 중에 사마의를 붙
잡으려다 놓치고 대신 그가 버리고 간 황금투구를 주워오는 공을 세우
기도 했다. 이른바 "요화 같은 인물이 선봉이 되었다"라는 말은 『삼국
연의』 제109회 도입부의 "촉한 연희16년 가을에 장군 강유는 요화와
장익을 좌우선봉으로 삼고 하후패夏侯霸를 참모로 삼으며, 장의張嶷를
운량사運糧使로 삼아 이십만 대군을 이끌고 위를 치기 위해 양평관을 나
섰다"에서 유래했다.

『삼국지. 촉서. 요화전廖化傳』과 기타 관련 기록을 보면 실제로 요화는 제갈량의 북벌에 참여한 적이 없었던 것으로 보인다.

건흥 원년223년, 제갈량은 요화와 장완 등을 승상참군丞相參軍으로 임명했는데, 군사를 거느리는 통솔권이 없는 직급이었다. 제갈량의 '폐이평廢李平 표'에 열거된 북벌 군영 장수 명부에 그의 이름이 실리지 않은 것도 이 때문이다. 대신 강유의 중원 정벌 과정에서 요화의 이름이 언급된다. 연희11년248년 강유가 이민족의 우두머리인 치무대治無戴를 공격하는 동안 음평태수 요화가 성을 축조했다는 기록과 촉한 경요景耀 5년262년에 강유가 적도狄道를 치려고 떠날 때 요화가 한탄했다던 대목이 있다. 요화는 오랫동안 음평태수로 재직했는데, 음평은 건흥7년229년 제갈량이 진식을 시켜 빼앗은 땅이었다. 요화는 경요 원년258년 하후패가 병사한 후 우차기장군, 가절, 병주자사에 임명되었다.

요화는 말년의 대부분을 성도에 머물며 정사에 참여했다. 『삼국지. 촉서. 강유전』에 따르면, 경요6년263년 강유가 종회를 막기 위해 관중關中에 군사를 주둔시키고 후주에게 표문을 올리기를 "응당 장익과 요화를 보내 각 군대를 인솔하여 양안관구陽安關口와 음평교두陰平橋頭를 각각 지키도록 하여 반란을 미연에 방지해야만 합니다"라고 했다. 여기서 보듯이 요화와 장익은 당시 강유를 따라 북벌에 나서지 않았다는 사실을 알 수 있다. 두 사람

요화

은 성도나 혹은 성도 주변에 방어선을 치고 필요할 때마다 지원군으로 나섰다.

촉한이 멸망하고 요화, 종예宗豫 등은 낙양으로 압송되었는데, 요화는 도중에 병사하고 말았다. 이때 그의 나이 일흔다섯이었다.

여포편

여포의 나이와 생김새는?

여포는 동탁이 신임하던 수하 장수로 당시 사람들에게 "사람 중에서 가장 뛰어난 인물은 여포요, 말 중에서 가장 뛰어난 것은 적토마다"라는 찬사를 받았다. 무예 실력 하나만 놓고 본다면 여포는 삼국 시대 무장들 가운데 첫손에 꼽히는 용장이었다.

『삼국연의』 제13회에서는 막다른 골목에 몰린 여포를 유비가 맞아들이는 대목이 나온다. 이에 감사의 뜻으로 여포가 가족을 인사시키려고 했으나 유비가 거듭 사양했다. 이때 여포가 "아우님은 사양하지 마시오"라고 말하자 장비가 버럭 화를 내며 소리쳤다. "우리 형님으로 말할 것 같으면 귀하디귀하신 황족이거늘 네깟 놈이 뭐기에 감히 형님을 아우라고 하대하는 게냐?" 여기서 장비가 분노를 터뜨린 건 과연 합당했을까?

사료에 따르면, 여포는 구원九原, 지금의 산시 성 신저우忻州 출신으로 활쏘기와 말 타기에 뛰어나 당시 사람들에게 '비장飛將'으로 불렸다. 본래

여포의 초상

병주자사 정원丁原의 수하에 있었으나 동탁의 꼬드김에 넘어가 정원을 죽이고 동탁의 수하로 들어갔다. 그러나 동탁과 갈등이 빚어지면서 다시 왕윤王允과 모의하여 동탁마저 죽였다. 그 뒤 분위奮威장군에 임명되고 온후溫侯로 봉해졌는데 이때 여포의 나이 서른 즈음이었다. 그러므로 건안3년198년 하비에서 조조에게 패하여 죽임을 당했을 때는 이미 마흔이 넘었을 것으로 추정된다.

여기서 유비의 기록과 비교하면 건안 3년에 유비의 나이는 서른여덟 살이었다는 사실을 알 수 있다. 즉 여포는 유비보다 서너 살이 많았던 것이다. 그러므로 여포가 유비에게 '아우'라고 부른 것은 지극히 당연한 호칭이었다. 그럼에도 장비가 화를 터뜨린 것은 왜였을까? 장비는 여포가 정원, 동탁, 왕윤까지 세 명의 주군을 번갈아 갈아치우며 변절한 것 때문에 그의 사람 됨됨이를 경멸했던 것이다.

그렇다면 여포의 생김새는 어땠을까? 원대 『삼국지평화』의 삽화에 보면 여포는 세 가닥 긴 수염을 달고 있다. 또한 원대 정덕휘鄭德輝의 잡극 〈호뇌관삼전여포〉에도 "머리에 삼차관三叉冠을 쓰고 깃털을 달았으며 세 가닥 수염을 길게 늘어뜨렸다"라고 기술되어 있다. 오늘날 경극에서 자주 보는 수염이 없는 매끄럽고 하얀 얼굴의 여포는 원대의 잡극에서부터 등장하기 시작한 것으로 추정된다.

여기서 잠깐 여포의 주요 병기를 살펴보자. 사실 역사적 기록에 따르면 여포의 주요 병기는 방천화극方天畵戟, 검 날에 반달 모양의 날이 쌍으로 또는 외날로 덧달린 무기류이 아니라 긴 창이었다. 이 역시 원대 잡극에서부터 방천화극으로 바뀌기 시작했고, 그 뒤를 이은『삼국연의』와 기타 작품에서는 여포의 주요 병기를 방천화극으로 기술하게 되었다.

사실 이러한 변화는 예술 창작 면에 있어서 나름대로 일리가 있다. 장비의 주요 무기인 장팔사모丈八蛇矛, 8척의 긴 창와 관우의 청룡언월도靑龍偃月刀, 유비의 쌍검에 맞서 여포가 방천화극을 휘두르며 우열을 가리기 힘든 싸움을 벌이는 모습이 훨씬 극적 긴장감을 연출해 줄 수 있기 때문일 것이다.

『삼국연의』에서 여포는 초인적인 용맹성을 자랑하고 있다. 그렇다면 그의 인품은 어땠을까?

여포의 인물 됨됨이는?

여포는 많은 사람에게 탄사를 받는 동시에 경멸과 손가락질을 받았다. 즉 긍정적인 평가와 부정적인 비평이 엇갈린 인물이었다. 그렇다면 여포의 일생은 어떻게 정의 지어야 할까?

소설과 희극에 등장하는 여포의 인품은 크게 두 가지로 귀결된다. 하나는 용맹성, 또 하나는 비천함이다.

첫째, 여포의 용맹성에 대해 알아보자.『삼국연의』에는 세 영웅이 여포 한 사람과 겨루는 이른바 '삼영전여포三英戰呂布'의 일화가 나온다. 먼저 장비가 장팔사모를 휘두르며 여포와 겨루는데 좀처럼 승부가 나지 않자 관우가 달려들어 청룡언월도를 휘두르며 공격했다. 하지만 이번에도 여포가 두 장수의 공격을 모두 막아내자 마지막엔 유비까지 가세했으나 끝내 승리를 거두지 못했던 대목이다. 여포의 용맹성을 단적으로 보여주는 일화다. 이른바 "사람 중에서 가장 뛰어난 인물은 여포요, 말 중에서 가장 뛰어난 건 적토마다"라는 말은 여포가 장연張燕을 격파한 것을 두고 당시 사람들이 내뱉은 찬사였다. 이로 미뤄봐서 여포가 남다른 용맹성을 지니고 있었음을 알 수 있다.

둘째, 여포의 비천함에 대해 살펴보자. 정원의 수하 부하였던 여포는 정원을 죽이고 동탁의 수하로 들어갔다가 다시 동탁을 죽이고 왕윤과 결탁했다. 그래서 장비는 여포를 '성씨가 다른 세 집안의 노복'이라고 욕을 퍼부었다. 여기서 볼 수 있듯이 여포는 본시 이랬다저랬다 변덕이 심하기로 유명했다.

여포의 남다른 용맹성은 사료에도 기록이 남아 있을 뿐만 아니라, 절개나 지조를 찾아볼 수 없는 그의 비천함 역시 사료에 있다. 『삼국지. 위서. 정욱전』에 보면, 조조가 신임하던 책사 정욱은 "거칠고 친밀함이 부족하며 강하나 무례하니 그저 필부의 영웅에 불과합니다"라고 여포를 평했다. 또한 『삼국지. 위서. 순유전荀攸傳』에 보면, 순유와 곽가 역시 여포를 "용맹스러우나 지략이 없다"라고 평가했다. 그밖에 『삼국지. 위서. 여포전呂布傳』에서는 진등陳登이

여포

152

조조에게 말하기를 여포는 "용맹스러우나 지략이 없어 쉽게 제거할 수 있습니다"라고 했다. 여기서 보듯이 여포는 비록 온후에 봉해지고 '비장'으로 불리며 한 시대를 풍미했지만 당시 많은 사람에게 경멸과 비웃음의 대상이었다는 것을 알 수 있다.

용맹스러웠지만 천성이 비천했던 여포는 훗날 조조에게 잡히자 이번에는 조조에게 합세하여 천하를 나눠 가지자고 설득했다. 그러자 옆에 있던 유비가 "앞서 정원과 동탁에게 여포가 어떻게 했는지 보지 못하셨소이까?"라고 조조를 만류했다. 즉 신의를 중시하지 않는 여포의 비천함을 지적했던 것이다. 결국 조조는 처형을 명했고, 여포는 백문루白門樓에서 참수당하고 말았다.

위에서 보듯이 여포는 용맹성으로 세상에 이름을 알리고 성공 가도를 달렸으나 결국 자신의 비천한 근성 때문에 명성과 목숨을 모두 잃고 말았다.

삼국의 명마

『삼국지』에는 적토마赤兔馬와 적로마的盧馬, 절영마絶影馬, 백곡白鵠 등의 명마가 나온다.

적토마는 가장 널리 명성이 알려진 말로 원래 주인은 여포였다. 그래서 "사람 중에서 가장 뛰어난 인물은 여포요, 말 중에서 가장 뛰어난 건 적토마다"라는 속담이 생겨난 것도 이 때문이다. 『삼국지. 위서. 여포전』에는 여포가 적토마를 타고 전장을 누비며 다녔다고 기술되어 있다. 산시陝西 사회과학원 명판

관우와 적토마

런孟繁仁 연구원의 논문에 따르면, 이 적토마는 여포가 산시 충명산叢蒙山의 중휘
촌中韂村 부근에서 포획했다고 한다. 적토마를 포획한 곳에는 우물 두 개가 있는
데 자손대대로 '여포지呂布池'라고 불린다. 멍판런은 두 차례에 걸쳐 현장 답사
를 진행하며 관련 지방지를 조사하면서 학술적 증거도 찾았다.

『삼국연의』에서는 동탁이 여포에게 정원을 죽이라고 꼬드기는 과정에서 적
토마를 뇌물로 주었다. 이에 여포는 준마를 얻기 위해 주군을 죽였으며, 훗날
에는 미인을 얻기 위해 동탁을 죽임으로써 비열한 면모를 드러냈다. 이후 나관
중은 여포가 준마의 주인 자격이 없다고 판단하여 적토마를 새로운 주인 관우
에게 안겼다.

백곡과 적영마, 적로마는 주인과 생사를 같이했다. 백곡은 본래 조홍의 애마
였는데, 조조가 동탁을 토벌하는 과정에서 형양에서 대패하고 타고 있던 말까
지 중상을 입자 조홍이 백곡을 양보했다. 동진 시대 왕가王嘉의 『습유기拾遺記』
에는 "백곡이 달리면 귀에서 바람소리가 들리고 말발굽이 마치 땅을 딛지 않
고 날아다니는 것만 같았다. 변수汴水에 이르러 조홍이 강을 건너지 못하자 무
제는 그와 함께 백곡에 올라타 강을 건넜다. 수백 리에 달하는 강을 순식간에
건너뛰니 말발굽에는 물방울조차 묻지 않았다"라고 기록되어 있다. 백곡은 큰

공적을 세운 까닭에 『삼국지. 위서. 무제기』와 『삼국지. 위서. 조홍전曹洪傳』에 모두 언급되었다.

절영마는 조조가 완성宛城을 정벌할 때 탔던 말이다. 이후 장수의 습격에 도망치던 과정에서 날아오르는 화살에 절영마가 맞아 죽었다.

마지막으로 적로마는 유비가 탔던 말이다. 『삼국연의』에서는 강하의 반란군 장무張武가 타던 말이 적로마로 조운이 장무를 죽이고 유비에게 바쳤다. 그러나 『태평어람太平御覽』의 『승여마부乘輿馬賦』에는 "유비가 투항하자 조조는 준마를 하사하고자 직접 마구간에서 고르도록 했다. 마구간에는 백여 마리의 준마들이 가득했지만 유비는 그대로 지나쳤다. 그리고 마구간 구석진 곳에 있던 비쩍 마르고 볼품없는 말 한 필을 골랐다. 그후 유비가 형주를 버리고 위남渭南에서 전투를 치를 때, 전광석화처럼 달리는 그 준마를 아무도 따르지 못했다"라고 기록되어 있다. 이 말이 바로 적로마로, 유비가 채모를 피해 물살이 거센 단계檀溪를 빠져나갈 수 있도록 도와주기도 했다.

문추는 정말로 관우의 칼날에 목숨을 잃었을까?

관우가 안량과 문추文醜를 죽인 것은 『삼국연의』에서도 유명한 일화다. 그러나 그들 두 사람이 진짜로 관우의 손에 죽었는지는 정확히 탐구해 볼 필요가 있다.

『삼국연의』 속의 관우는 가히 신의 경지에 이를 만큼 무예 실력이 뛰어났다. 맨 처음에 관우는 화웅을 단칼에 베어버리면서 화려한 무예 실력을 천하에 알리게 되었는데, 사실 역사 기록에 따르면 화웅은 관우가 아닌 손견의 손에 목숨을 잃었다. 나관중이 이러한 역사적 사실을 왜곡한 것은 관우의 영웅적 이미지를 한껏 끌어올리기 위해서였다.

이어서 관우는 신기에 가까운 무공을 뽐내며 하북 지역의 명장 안량과 문추를 차례로 죽였다. 안량은 확실히 관우의 칼날에 목숨을 잃었다. 『삼국지』에 보면 "관우는 안량을 발견하자마자 채찍을 날려 적병들 사이로 뛰어들더니 단숨에 그의 머리를 베어 군영으로 돌아왔다. 원소 휘하의 장수들은 감히 엄두조차 내지 못할 일이었다"라는 기록이 있다.

『삼국연의』제26회를 보면 안량과 문추는 피를 나눈
형제 못지않은 막역한 친구였다. 그런 안량이 죽임을
당하자 문추는 복수를 하기 위해 조조를 공격했고,
조조 수하의 장수였던 장료, 서황 등은 번번이
싸워보지도 못한 채 퇴각했다. 이에 관우
가 나서더니 단번에 문추의 머리를 베어버
렸다.

　사실, 진수의 『삼국지』에서는 문추의 죽음에 대
한 언급이 없다. 삼국지에 주석을 달았던 배송지 역
시 마찬가지다. 그렇다면 문추는 실제로 누구에
게 죽임을 당했을까?

　『삼국지. 위서. 무제기』에 따르면, 당시 조조

문추

는 육백여 명의 기병을 이끌고 원소 수하의 용장 문추가 이끄는 병사
들에게 맞서 싸워 그들을 대파하고 문추의 목을 베었다고 한다. 『삼국
지. 위서. 원소전袁紹傳』에도 "조조가 격파하여 문추의 목을 베었다"라
고 씌어 있다.

　조조는 군사를 이끄는 수장이었다. 따라서 실제로 그가 죽였든 아니
면 수하 장수가 죽였든 간에 문추가 조조의 손에 죽임을 당했다고 역
사서에 기록된 것은 지극히 당연하다. 하지만 문추는 하북 지역에서
명성을 떨치던 용장으로, 당시 그가 이끌던 기병대의 수는 조조군을
훨씬 앞질렀다. 게다가 조조는 사실 무공이 변변치 못한 인물이었기
에 실제로 문추가 그의 손에 죽었는지 확실하지 않다.

　당시 조조 수하 장수들 가운데 기병대를 이끌고 문추와 한판 승부를

겨룰 수 있는 인물이 관우 말고 또 누가 있었을까? 그와 관련하여 『삼국지. 위서. 서황전徐晃傳』에는 다음과 같은 기록이 있다.

"서황은 안량을 물리친 뒤 연진延津까지 돌격하여 문추를 격파하는 수훈을 세웠고 편장군으로 승진되었다."

이로 미뤄보아 문추는 서황의 손에 죽었다는 사실을 알 수 있다.

『삼국연의』에서는 안량과 문추 모두 관우의 손에 죽임을 당했지만, 여기에는 사실과 허구의 양면성이 있다. 물론 창작의 관점에서 보면 사실과 허구의 적절한 조화는 소설의 내용을 더욱 풍성하게 만들고 재미도 배가시킨다. 하지만 여기서 한 가지 짚고 넘어가야 할 점이 있다. 『삼국연의』에서 문추가 관우의 손에 죽임을 당하는 장면은 결코 나관중의 작가적 상상력에만 의존한 것이 아니다. 거기에는 나관중 나름 대로의 역사적 근거가 있었다.

남송 시대 유명한 학자였던 홍매洪邁는 『용제수필容齊隨筆』에서 "관우는 직접 원소 수하 장수 두 명의 수급을 베었다"라고 기술했다.

홍매는 1123년에 태어나 1202년에 죽었다. 나관중보다는 200여 년 정도 앞선 시대의 사람이다. 홍매가 그렇게 쓴 것은 당시 구전되어 내려오던 이야기를 옮긴 것이라고 추정된다. 이 점에 주목한 현대 역사 산문가 정이메이鄭逸梅는 『삼국연의』에서 관우가 문추를 죽이는 대목에서 나관중이 홍매의 말을 인용했다고 주장했다.

아무튼 역사적 기록에 따르면 관우는 문추의 죽음

안량

158

과 아무런 관련이 없을뿐더러 조조 휘하의 서황과는 매우 친밀한 관계를 유지했다. 『삼국지』에서 서황이 문추를 죽인 뒤 편장군으로 승진되었다는 기록은 역사적 사실임에 틀림없다. 훗날 문추를 죽인 공이 관우에게 넘어간 것은 관우를 신격화하기 위해서였음이 분명하다.

장합의 일화가 들쭉날쭉한 이유는?

다양한 전략을 구사했던 장합은 조조군의 뛰어난 용장으로 유비와 제갈량마

저도 두려워했던 존재였다. 그러나 결국은 장비의 계략에 걸려들어 대패하고

말았다.

장합은 조조의 수하 장수 중 가장 유명했던 다섯 장수 가운데 하나다.
진수는 『삼국지. 위서. 장악우장서전張樂于張徐傳』에서 장료, 악진, 우
금于禁, 장합, 서황을 한데 묶어서 기술했다.

장합은 용맹무쌍한 맹장이었을 뿐만 아니라 뛰어난 지략가였다.
『삼국지. 위서. 장합전』에 따르면 "장합은 변화의 법칙에 통달하였고,
군영을 잘 통솔하였으며, 상황이나 지형을 고려하여 막힘없는 전략을
구사했다. 그리하여 제갈량조차 그를 두려워했다"라고 기술한다.

장합이 광석廣石에 주둔해 있을 때다. 유비가 정예 병사 1만여 명을
10개 부대로 나누어 야밤에 장합군을 급습했다. 하지만 장합이 친위
병을 인솔하고 필사적으로 응전하는 바람에 유비는 승리를 거둘 수 없

었다. 이후 유비는 주마곡走馬谷에서 불을 질러 하후연을 유인한 뒤 싸움을 벌였다. 이 전투에서 하후연이 전사하자 장합은 양평으로 돌아왔다. 당시 그의 부대는 총지휘관을 잃은 데다 유비에게 추격당할 것을 두려워한 나머지 군사들의 사기가 바닥을 기고 있었다.

『삼국지. 위서. 장합전』에 따르면, 이때 하후연의 사마 곽회가 "장합 장군은 나라의 명장이며, 유비는 그를 두려워하고 있다. 지금과 같은 급박한 사태에서 우리들의 마음을 안정시켜 줄 사람은 장합 장군 이외에는 아무도 없다"라며 장합을 책임자로 천거했다. 이에 조조는 장안에서 사신을 파견해 장합을 정식으로 총지휘관에 임명했다. 장합이 사병들을 정비하고 군영을 설치하는 등 전열을 갖추자 비로소 병사들이 마음의 안정을 되찾았다.

장합

장합은 그냥 지나쳐서는 안 될 중요 인물로 역사서와 『삼국연의』의 기록을 비교해 보면 큰 차이가 있기 때문에 좀더 자세히 탐구할 필요가 있다.

먼저 『삼국연의』에는 장합과 장비의 와구애 전투가 매우 흥미진진하게 묘사되어 있다. 당시 장비는 정예병 1만여 명을 이끌고 공격하여 와구애에서 장합군을 격파하고, 장합은 겨우 부하 십여 명 남짓을 데리고 샛길로 달아났다. 전투에서 장비는 지형을 이용해 위나라 군의 허리를 끊은 뒤 주력 부대를 궤멸시켰다. 반면에 지형에 어두웠던 장합은 패전을 면치 못했다. 이렇듯『삼국연의』에서 장합은 능수능란한 전략을 펼치는 장비의 지략을 부각시키는 하나의 도구에 불과했다.

장비와 장합의 와구애 전투는 역사적 사실에 기인하고 있다. 진수는 장비의 일생을 세 가지 사건으로 요약했다. 첫째는 장판교長坂橋에서 다리를 끊고 불같은 호령으로 조조군을 물리친 사건이다. 둘째는 유장이 지키던 파군을 격파한 사건이며, 셋째는 장합과의 전투다.

『삼국지. 촉서. 장비전』에는 이렇게 기록하고 있다.

"조조는 장로를 무찌르고 하후연과 장합을 한중에 머물며 지키도록 했다. 장합은 따로 군사를 지휘하여 파서로 내려가 그곳의 백성을 한중으로 옮기려고 탕거宕渠, 몽두蒙頭, 탕석盪石까지 진군하여 장비와 50여 일간 대치했다. 이때 장비는 정예병사 1만여 명을 이끌고 은밀히 다른 길을 통해 장합의 군대를 기습 공격했다. 장합의 군대는 좁은 길에 갇혀 지원군의 조력을 받을 수 없었던 탓에 장비에게 격파당하고 말았다. 장합은 간신히 살아남아 말을 버리고 부하 십여 명과 샛길을 따라 남정南鄭으로 돌아갔고, 파서 지역은 평정되었다."

이 내용은「장비전」전체 8분의 1을 차지하는 분량으로 아이러니하게도 장비의 사료 속에 장합의 패전이 비교적 상세하게 기록되어 있다.

이에 비해 장합 본인의 전기인『삼국지. 위서. 장합전』에는 이 사건이 겨우 열다섯 글자 안팎으로 간략하게 기술되어 있다. "탕거로 진군하다가 장비의 항거로 남정으로 돌아왔다"라는 내용이었다.『삼국지. 위서. 무제기』는 이보다 한 술 더 떠서 "유비는 파중巴中을 점거하고 장합을 격퇴시켰다"라고만 기록되어 있다.

똑같은 역사적 사실임에도 각자의 기록들 간에는 큰 편차가 있다.

뿐만 아니라 장합의 일화는 적잖이 왜곡되기도 했다. 예컨대,『삼국연의』에서 장합은 장비의 전략에 휘말려 함정에 빠지고 끝내 격파당하고 말았다. 이는 장합이 전략이 뛰어나다고 기술한 역사서의 기록과 큰 차이가 있다. 물론 나관중이 장비의 이미지를 부각시키기 위해 역사적 사실에 허구성을 가미했던 것이다.

경극의 장합 가면

그러나 실제 역사서의 기록들 중에도 적잖은 내용이 사실과 거짓으로 혼재되어 있음을 발견할 수 있다.

첫째, 배송지는『삼국지』의 주석을 다는 과정에서 장합이 원소를 배신하고 조조의 수하로 들어간 시점에 대해 역사서마다 큰 차이가 있다는 사실을 발견했다. 즉『삼국지』의「무제기」,「원소전」,「장합전」의 시점이 일치하지 않는 것이다.「무제기」와「원소전」에는 원소의 수하 장수 순우경이 오소에서 조조군에 크게 패하자 장합이 조조에게 투항했고, 이어서 원소군이 대패했다고 기록되어 있다. 즉 장합이 먼저 조조에게 투항하고 난 뒤 원소군이 패배했던 것이다. 하지만「장합전」에는 원소가 먼저 패한 뒤 곽도郭圖가 패전의 원인을 장합에게 돌리며 중상모략하자 이에 장합이 조조에게 투항했다고 적혀 있다. 두 가지 기록 가운데 어느 것이 사실이고 어느 것이 허구인지는 명확히 밝혀지지 않았다.

둘째, 역사가 진수 본인조차도 장합에 대한 자료가 매우 부족하여 사실과 허구를 명확하게 구별할 수 없는 입장이었다. 『삼국지』에는 장합 등 다섯 장수의 전기가 수록되어 있는데, 장료와 서황 등의 자료는 상세하게 기록되어 있는 반면에 악진과 장합에 대한 자료는 간단명료하다. 진수 역시 덧붙여 말하기를 "장합은 교묘하고 뛰어난 전략으로 유명하며, 악진은 용맹하기로 명성이 높지만 그들의 업적에 대해서는 들은 바가 없다. 아마도 기록이 누락되어 장료와 서황만큼 상세하지 못한 듯싶다"라고 했다. 즉 장합은 유비나 제갈량마저도 두려워할 만큼 뛰어난 전략가였지만 그의 활동을 증명할 만한 실제 일화나 사건이 기록되어 있지 않다. 그래서 진수는 장합의 사료가 누락되었을 것으로 추정한 것이다.

장합의 일화에 사실과 허구가 혼재되어 있는 이유는 크게 세 가지로 요약할 수 있다. 첫째, 진수가 『삼국지』를 기술할 당시 이미 사실과 허구를 명확히 구별할 수 없는 입장에 있었다. 둘째, 진수 역시 사실과 허구를 혼재하여 기록했기에 훗날 주석을 단 배송지 역시 진상을 제대로 파악하지 못한 채 그대로 기록할 수밖에 없었다. 셋째, 허구적 픽션을 강조하는 장르 성격상 소설에서는 더욱 많은 내용들이 임의로 첨삭될 수밖에 없었다.

『삼국연의』에서 장합은 담력이 세고 용감무쌍한 용장이나, 지략이 부족하고 우둔한 장수였다. 결국엔 조급한 성격으로 말미암아 스스로 파놓은 구덩이에 빠져 전사하고 마는데 과연 이는 사실이었을까?

장합은 어떻게 해서 목문도에서 죽었는가?

장합은 용맹스럽고 지략이 풍부했을 뿐만 아니라 노련한 군사였다. 또한 오 랫동안 촉나라와 전투를 벌이면서 제갈량의 전술을 훤히 꿰뚫어보는 경지에 까지 오른 인물이었다. 그러나 결국엔 대장 사마의로 말미암아 막다른 골목에 갇혀 전사하고 말았다.

제갈량은 수차례 북벌을 감행했지만 번번이 장합에게 부딪히면서 쓰 디쓴 좌절을 맛봐야 했다. 특히 가정 전투에서 장합에게 격파당하면 서 치명적인 타격을 입었다. 한마디로 장합은 '제갈량의 강적'이었다.

『삼국연의』에서 장합은 목문도木門道에서 퇴각하는 제갈량을 추격하 다 매복에 걸려 전사하고 만다. 나관중은 장합이 사마의의 만류를 외 면한 채 고집스럽게 추격하다 목숨을 잃는 장면을 생동감 넘치는 묘사 로 다음과 같이 흥미진진하게 풀어가고 있다.

"사마의가 크게 기뻐하며 물었다. '제갈량이 물러갔는데, 누가 그 뒤를 쫓을 건가?' 이에 장합이 나서서 말했다. '제가 가겠소이다.' 그 러자 사마의가 만류하며 말했다. '공은 성미가 급해서 가면 아니 되 오.' 이에 장합이 고집을 피우며 말했다. '도적놈들이 관문을 빠져나 올 때는 소장에게 선봉이 되라고 하지 않으셨습니까? 오늘에야 공을 세우려는데 왜 저를 쓰지 않으려고 하십니까?' 이에 사마의는 '촉나라 군사들이 물러가긴 했지만 필시 매복을 숨겨두었을 것이오. 그들을 추격하려면 반드시 조심하고 또 조심해야 할 것이오'라고 당부했다. 그러자 장합이 '소장도 이미 잘 알고 있으니 걱정 마십시오'라고 자신

함정에 빠진 장합

있게 말했다. 이에 사마의가 '공이 그토록 가고자 하여 보내는 것이니 나중에는 후회하지 마오'라고 하자 장합은 '사내대장부가 나라를 위해 몸을 바치는 것이니 일만 번 죽는다 해도 여한이 없소이다'라고 큰소리를 탕탕 쳤다. 그제야 사마의는 수락하며 말했다. '공이 그처럼 고집을 피우니 그렇다면 일단 병사 오천 명을 이끌고 먼저 떠나시오. 위평魏平을 시켜 병사 이만 명을 이끌고 그 뒤를 쫓아가 복병의 습격을 방어토록 하리다. 나 역시 병사 삼천 명을 인솔하고 뒤따라갈 것이오.'"『삼국연의』제101회

이 대목에서 나관중은 사마의를 미화하고 있지만 행간의 여백에서는 사마의의 꿍꿍이속을 충분히 읽을 수 있다. 추격하면 적의 매복이 기다리고 있다는 사실을 뻔히 알면서 선봉장을 위험에 빠뜨렸던 것이다.

그러나『삼국지. 위서. 장합전』에서 배송지가 인용한『위략』의 내용은 이와 사뭇 다르다.

"제갈량이 퇴각하자 사마의가 장합에게 추격할 것을 명령했다. 그러자 장합이 '군법에도 성을 포위할 때 출구 하나는 남겨두되 도망가는 적병을 절대로 추격하지 말라고 했습니다'라고 대답했다. 하지만 사마의가 끝까지 고집을 부리자 장합은 하는 수 없이 추격에 나섰다.

그러자 매복해 있던 촉나라 군이 일제히 화살을 쏘아대기 시작했다. 결국 장합은 비처럼 쏟아지는 화살을 맞고 죽었다."

『태평어람』의 「한말전漢末傳」에도 이렇게 기록하고 있다.

"군량미가 바닥이 난 제갈량이 병사를 이끌고 퇴각하다 목문에 이르렀다. 이때 장합이 군사를 이끌고 추격해오자 제갈량은 커다란 나무에 '장합이 이 나무 아래서 죽다'라는 글자를 새긴 뒤, 병사 수천 명을 길 양쪽에 매복시켰다. 잠시 뒤 장합의 군대가 나타나자 수천 발의 화살이 일제히 날아와 장합은 그 자리에서 전사했다."

여기서 보듯이 장합은 결코 스스로 죽음을 자초한 것이 아니었다. 전투 경험이 풍부한 장합이 '막다른 골목에 이른 적병을 추격해서는 안 된다'거나 '추격할 때는 복병을 조심해야 한다'는 등의 군사 상식을 모를 리 만무했다. 다시 말해서, 사마의가 장합에게 퇴각하는 적병을 추격하라고 강요하자 군령을 따를 수밖에 없던 장합은 마지못해 추격에 나섰다가 목문도에서 전사하고 만 것이다.

합비 전투에서 손권의 목숨을 구한 사람은?

전쟁터에 나가 전략을 구사하고 용병술을 부리는 면에서는 손권이 손책에 미
치지 못했다.

『삼국연의』 제53회에서는 건안20년215년, 손권이 대군을 이끌고 합비
성을 공격했다가 장료가 이끄는 위나라군에 대패당하는 이야기가 나
온다. 나관중은 오나라의 태사자太史慈를 집중적으로 조명하는 대신 손
권의 참패에 대해서는 자세히 다루지 않았다. 오히려 『삼국지』와 배
송지의 주석본에서 합비성 전투를 자세히 기술하고 있다.

『삼국지. 오서. 오주전吳主傳』은 주로 위소韋昭의 『오서』를 참고하여
기록되었는데, 전투에서 참패했기에 날짜 등을 생략한 채 간략하게만
적혀 있다.

"손권은 육구陸口에서 돌아오자마자 합비 정벌에 나섰다. 그러나 합
비를 공략할 수 없자 곧바로 군대를 철수시켜 돌아오려고 했다. 병사
들이 모두 철군하는 길에 손권은 능통, 감녕甘寧 등과 함께 진津 북쪽에

서 위나라 장수 장료의 습격을 받았다. 능통 등이 죽을 각오로 방어하는 사이 손권은 준마를 타고 진교津橋를 넘어 달아났다."

「능통전淩統傳」에는 다음과 같이 기록하고 있다.

"능통은 익양益陽에서 돌아온 뒤 우부독右部督으로 임명되어 합비 전투에 참가했다. 당시 손권은 군대를 철수시키려 했는데, 이미 선봉 부대가 출발하고 난 상태에서 위나라 장수 장료 등이 갑자기 소요 진 북쪽까지 엄습해왔다. 손권은 사람을 보내 선봉 부대를 돌아오게 하려고 했지만 병사들은 이미 멀리까지 가서 돌이킬 수가 없었다. 이때 능통이 친위병 삼백 명을 이끌고 포위망 속으로 들어가 손권을 탈출시켰다. 적은 이미 다리를 망가뜨려 놓았지만 양쪽 해안을 이어주는 나무판자는 여전히 매달려 있었다. 손권은 말에 채찍질을 하여 다리를 건넜고 능통은 다시 돌아와 뒤쫓아 오는 적들을 막았다. 수하 병사들이 모두 전사하고 능통 자신도 부상을 당한 가운데서도 수십 명의 적군을 죽였다. 능통은 손권이 이미 화를 모면했을 것으로 여겨 철수하였으나 다리가 부서져 이미 길이 끊어지고 난 뒤였다. 능통이 갑옷을 입은 채로 헤엄쳐 강을 건너오자 손권은 놀라며 기뻐했다. 능통은 신임하던 병사들 가운데 살아 돌아온 자가 없음을 가슴 아파하며 슬픔을 억누르지 못했다. 이를 본 손권은 옷소매를 당겨 그의 눈물을 닦아주었다."

위에서 보듯이 합비 전투에서 참패를 당했을 때 손권의 목숨을 구해준 사람은 다름 아닌 능통이었다. 그래서 훗날 능통이 스물아홉의 나이에 죽었을 때 손권은 '슬픔을 억제하지 못했으며, 며칠 동안 식음을 전폐한 채 능통에 관해 이야기할 때마다 눈물을 흘렸다'고 한다. 또한 그는 능통의 어린 두 아들을 궁궐로 데려와 자신의 아들과 똑같이 총애하며 길렀다.

「감녕전甘寧傳」에도 합비 전투에 대한 기록이 실려 있다.

"건안20년215년, 감녕은 합비 전투에 참가했는데, 마침 역병이 유행하여 군대는 모두 철군했다. 오직 왕의 수레를 호위하는 근위병 천 명과 여몽, 장흠, 능통, 감녕만이 손권을 따라 소요 진 북쪽에 있었다. 이때 장료가 멀리서 이 모습을 관찰하고 즉시 보병과 기병을 이끌고 급습했다. 감녕은 적에게 화살을 쏘았으며 능통 등도 필사적으로 싸웠다. 감녕은 취악대에게 북을 치고 피리를 불어 사기를 진작시키라고 다그치며 소리 질렀다. 이러한 감녕의 강인한 모습에 손권은 특별히 칭찬했다." 여기에서 볼 수 있듯이 감녕 역시 손권의 목숨을 구한 공신이었음을 알 수 있다.

「감녕전」에서 보듯이 합비를 공격할 당시 손권의 군중에는 역병이 돌아 군대를 철군할 수밖에 없었다. 그리고 장료가 기습할 당시 손권의 곁에는 근위병 천여 명과 여몽, 장흠 등이 있었음을 확인할 수 있다.

「여몽전」에는 아주 간단하게만 기록되어 있다. "군대가 돌아온 후 합비를 정벌하러 갔다. 합비에서 병사를 철수시킨 후 장료 등의 습격을 받게 되었는데, 여몽과 능통은 목숨을 바쳐 손권을 호위했다." 이로 미뤄봐서 여몽도 그 자리에 함께 있었지만 특별한 공로가 없었기에 별다른 기록이 없었던 것으로 추정된다.

「장흠전蔣欽傳」에도 약간의 기록이 남아 있다. "합비를 정벌하러 갔는데 진북에 있는 손권을 장료가 습격했다. 장흠

감녕

은 공을 세워 탕구蕩寇장군으로 임명되고 유수독濡須督에 제수되었다."
『삼국지』에는 합비 전투를 자세히 기록하고 있는데, 당시 손권을 구해준 사람들은 상술한 몇 사람 외에도 몇몇 사람이 더 언급된다.

「진무전陳武傳」에는 "건안20년215년, 진무는 합비 전투에 참가하여 목숨을 걸고 싸우다 전사했다. 손권은 이를 슬퍼하며 직접 그의 장례식에 참석했다"라고 적혀 있다. 배송지가 인용한 「강표전」에는 "손권이 명하여 그의 애첩을 순장토록 하고, 빈객 200가구의 부역을 면제해주었다"라고 기록되어 있다.

「강표전」에는 손권의 시중을 들던 곡리谷利라는 인물에 대해서도 기록하고 있다. 당시 곡리의 신분은 '좌우급사左右給使'로, 실제로는 손권의 시중을 드는 군관이었다. "능통이 사력을 다해 싸우는 동안 손권이 후퇴하려고 했지만 이미 다리가 5미터 정도 끊어진 뒤였다. 그때 곡리가 말에 채찍질을 하여 뒤로 물렀다 훌쩍 뛰게 하여 손권이 겨우 건널 수 있었다. 그리하여 손권은 곡리를 도정후에 봉했다."

당시 손권이 절체절명의 위기에 빠졌을 때 말이 높이 뛰도록 곡리가 채찍을 휘두르지 않았다면 손권은 다리를 건너지 못한 채 위기에 빠지고 말았을 것이다. 곡리는 보잘것없는 군졸 출신이었지만 손권의 목숨을 구해준 공으로 도정후에 봉해졌다.

역사 기록은 때로는 상세하면서도 때로는 간략하기만 하다. 예컨대 당시 손권을 구하기 위해 능통이 포위망을 뚫고 이끌고 갔던 삼백 명의 친위병들은 모조리 전사하고 말았다. 하지만 역사서에는 이들 가운데 단 한 명의 이름조차 기록하고 있지 않다. 역사의 무정한 일면을 보여주는 사례일 것이다.

삼국 시대 병기 설명

『삼국연의』에는 다채로운 병기가 등장한다. 관동關東의 제후들과 여포의 싸움에서는 열여덟 가지 병기가 등장했다. 삼국 시대 전쟁에 사용된 병기는 그다지 복잡하지 않다. 주로 말 타고 사용하던 긴 창과 몸을 보호하기 위해 쓰던 단극短戟, 휴대하기 편한 봉이 짧은 갈래창 그리고 활이었다.

긴 창은 기마병들이 주로 사용하던 병기로 공손찬, 정보, 한당, 장비 등이 주로 사용했다. 한나라와 위나라 때 주로 사용되던 창은 길이가 약 4.5미터에 달했다. 싸울 때 창을 쥐고 상대방을 향해 돌진하기 때문에 창이 길수록 승자가 될 가능성이 컸다.

극은 주로 호신용으로 몸에 휴대하고 다니던 병기였다. 동탁이 여포에게 던졌던 것도 극이었으며, 감녕이 연회에서 춘 춤도 '쌍극춤'이었다. 극은 전투 중에 사용하지 않고 주로 집이나 군영 안에 호신용으로 놓아두고 사용했다.

당시 대도독의 군영을 지키던 호위병들은 주로 극으로 무장했다. 극은 장극과 단극으로 나뉘는데, 장수들은 주로 단극을 휴대했다. 예컨대 『오록』에는 화친을 청하러 온 사신 엄여嚴輿를 향해 손책이 "손에 들고 있던 극을 던지자 엄여는 그 자리에서 죽었다"라고 적혀 있다. 또한 「오주전」에는 말을 타고 있던 손권이 호랑이에게 "쌍극을 던졌다"라고 기록하고 있다. 여기서 보듯이 손책과 손권 모두 호신용으로 단극을 몸에 지니고 다녔음을 알 수 있다.

물론 개별적으로 전쟁터에서 단극을 사용한 장수들도 많다. 예컨대 장료, 전위典韋 등이 있는데, 특히 전위는 80근에 달하는 쌍극을 들고 다녔다고 한다. 뿐만 아니라 여포 역시 단극을 즐겨 사용한 것으로 알려져 있다. 그러나 「영웅기」의 기록을 보면 전쟁터에서는 주로 긴 창을 사용했던 것으로 보인다.

당시 가장 유행했던 병기는 무엇보다도 활이었다. 활은 장거리 전투에 아주

유용한 병기였다. 삼국 시대에는 유능한 궁수가 많았다. 예컨대 손권 역시 말 타기와 활쏘기에 뛰어났다.

그러나 역사서에서 진수가 특별히 언급한 이는 여포와 태사자, 방덕龐德 세 사람이었다. 「여포전」에는 "여포가 던진 화살이 백발백중하자 모든 장수들이 크게 놀랐다"라고 기록되어 있다. 「태사자전太史慈傳」은 "태사자는 수염이 아름답고 원숭이 같은 팔로 활을 잘 쏘아 시위를 당기면 맞추지 않는 것이 없었다"라고 전한다. 그리고 「방덕전龐德傳」에는 "친히 관우와 교전하여 화살로 관우의 이마를 맞추었다"라고 기록이 남아 있다. 또한 훗날 포위당하자 "방덕은 몸소 갑옷을 입고 화살을 쏘았는데 빗나가는 것이 하나도 없었다"라고 기록되어 있다.

태사자는 어떻게 죽었다 다시 살아났을까?

용맹성과 신의로 명성이 자자한 동오의 장수 태사자는 임종시 적잖은 여한을 남겼다.

『삼국연의』에서 태사자는 합비 전투 중에 죽음을 맞이한다. 이는 나관중의 기발한 창의성의 결과물로 나관중은 그야말로 죽은 태사자를 다시 살려놓은 것이다.

역사적으로 손권과 조조군은 적벽대전 이후 끊임없는 전투를 벌였다. 그 가운데 가장 큰 규모의 전투는 그로부터 7년 후에 발생한 합비 전투다. 손권은 병사 십만 명을 이끌고 위나라를 공격했다. 위나라는 상대적으로 열세에 빠졌지만 장군 장료, 악진, 이전 등이 긴밀한 협공을 통해 손권을 격파시켰다. 오나라 입장에서는 치욕적인 대참패를 당한 합비 전투를 역사서에 자세하게 기록할 리 없다. 그래서 『삼국지. 오서. 오주전』에는 합비 전투가 언제 발생했는지 정확한 날짜조차도 기록되어 있지 않다. 단지 "손권이 합비를 공격했으나 점령하지 못하고 철군했다"라고만 적혀 있다.

사실 합비 전투는 삼국 역사상 가장 대표적인 전투였다. 그래서 나
관중은 제53회에서 이 전투를 크게 다루었으며, 특별히 장료와 필적
할 만한 적수로 태사자를 등장시켰다.

그러나 역사적 관점에서 짚고 넘어가야 할 문제가 있다. 즉 합비 전
투는 건안20년215년에 발생했다는 사실이다. 비록 「오주전」에는 명확
한 기록이 없지만 『삼국지. 오서. 진무전』은 "건안20년, 합비를 공격
했다가 전사했다. 이를 애통하게 여긴 손권은 직접 장례를 치러줬다"
라고 기록되어 있다. 그 밖에 장료, 이전 등의 전기에도 기록이 남아

있다. 이에 반해『삼국지. 오서.
태사자전』에는 "손권은 태사자
에게 남방의 일을 위임했다. 태
사자는 나이 41세인 건안11년에
죽었다"라고 명확하게 기록되어
있다. 즉 이미 206년에 죽은 태사
자가 어떻게 그로부터 9년 후에
발생한 합비 전투에 등장할 수 있
었느냐는 점이다.

나관중이 『삼국지』를 읽으면
서 태사자의 죽음을 간과했을 리
없다. 뿐만 아니라 배송지가 인
용한 『오서』에는 "임종을 앞둔
태사자는 '사내대장부로 세상에

경극 〈신정령神亭嶺〉의 태사자

태어나 7척 칼을 지니고 천자의 계단에 올라야 하거늘, 아직 그 뜻을 실현하지 못했는데 어찌 죽으랴!'라고 탄식했다"라는 기록이 남아 있다. 나관중은 이 기록을 약간 수정하여 『삼국연의』에 고스란히 인용하고 있다.

태사자

이처럼 나관중이 이미 죽은 태사자를 9년 후에 다시 살려서 합비 전투에 등장시킨 이유는 두 가지로 추정할 수 있다.

첫째, 손권은 비록 많은 장수를 거느렸지만 위나라의 장료, 악진, 이전 등과 겨룰 만한 장수는 태사자밖에 없었기 때문이다.

둘째, 태사자가 당초 손책의 수하로 들어오기 전에 손책과 겨룬 대결은 그야말로 용호상박으로 명장면 중의 명장면이었다. 하지만 역사서에 기록된 태사자의 죽음은 이상하리만큼 간단명료했다. 적어도 태사자가 임종시 남겼던 탄식대로라면 장렬한 죽음을 맞이해야 옳았다. 그래서 나관중은 비록 시점상의 오류는 있지만 태사자가 합비에서 격렬한 전투 끝에 장렬하게 전사하도록 만들었던 것이다.

성명	『삼국연의』	『삼국지』	비고
화웅	제5회 관우에게 죽임을 당함	손견에게 죽임을 당함	이름은 '섭웅葉雄'이 옳다, 『오서. 손파로전孫破虜傳』
국의麴義	제7회 조운에게 죽임을 당함	교만을 부리다 원소에게 죽임을 당함	『위서. 원소전』에서 인용한 「영웅기」
문추	제26회 관우에게 죽임을 당함	조조군에게 죽임을 당함	『위서. 무제기』 이때 이미 관우는 조조의 군영을 떠났다.
하후란夏侯蘭	제39회 박망파博望坡 전투에서 장비에게 죽임을 당함	박망파 전투에서 생포되어 유비 수하로 들어감	『촉서. 조운전』
유종	제41회 조조에게 투항한 후 죽임을 당함	청주자사, 간의대부諫議大夫로 임명됨	『위서. 유표전』
유복劉馥	제48회 술에 취한 조조에게 죽임을 당함	건안13년208년 합비에서 병사함	『위서. 유복전劉馥傳』
송겸宋謙	제53회 합비 전투에서 이전의 화살에 맞아 죽음	이릉 전투에 참여함	『오서. 육손전陸遜傳』
태사자	제53회 합비 전투에서 부상으로 죽음	병사함	『오서. 태사자전』
주유	제57회 제갈량 때문에 화병으로 죽음	과로로 지병이 발병함	『오서. 주유전』
이통	제58회 마초에게 죽임을 당함	건안14년209년 강릉의 포위망을 뚫어 조인을 구출한 뒤 병사함	『위서. 이통전李通傳』
주광朱光	제67회 감녕의 공격을 받아 환성皖城에서 죽음	환성에서 생포된 뒤 풀려남	『오서. 오주전』
한호韓浩	제70회 천탕산에서 황충에게 죽임을 당함	조조를 수행하고 한중에서 돌아오다 병사함	『위서. 하후돈전』
하후연	제71회 정군산에서 황충에게 죽임을 당함	한밤중에 유비의 습격을 받아 죽음	『위서. 하후연전』, 「장합전」
왕보王甫	제77회 맥성에서 수비에 실패하고 성에서 뛰어내려 자살함	유비를 따라 동쪽 정벌에 나섰다가 죽음	『촉서. 양희전楊戲傳』

여몽	제77회 관우의 혼백에게 죽임을 당함	병사함	『오서. 여몽전』
이이李異	제82회 관흥에게 죽임을 당함	이릉 전투에서 백제성까지 유비를 추격함	『오서. 육손전』
반장	제83회 관우의 혼백에 홀려 관흥에게 죽임을 당함	가화3년234년 병사함	『오서. 반장전』
황충	제83회 유비를 따라 동쪽 정벌에 나섰다가 화살에 맞아 죽음	건안25년220년 성도에서 병사함	『촉서. 황충전』
감녕	제83회 사마가少摩柯가 쏜 화살에 맞아 부지구富池口에서 죽음	건안25년220년 서릉西陵태수로 재직하다 병사함	『오서. 감녕전』
미방	제83회 촉으로 돌아온 뒤 주살됨	황무黃武2년223년, 하제賀齊를 수행하고 기춘蘄春으로 감	『오서. 하제전』
주연朱然	제84회 조운에게 죽임을 당함	적오赤烏12년249년 병사함	『오서. 주연전朱然傳』
손孫부인	제84회 유비가 패전한 것으로 오해하고 강에 투신하여 자살함	-	-
장료	제86회 조비를 따라 남쪽 정벌에 나섰다가 정봉丁奉의 화살에 맞아 죽음	황초2년221년 병사함	『위서. 장료전張遼傳』
마량	제87회 병사함	유비의 동쪽 정벌 당시 죽음	『촉서. 마량전』
왕랑王朗	제93회 제갈량과 설전을 벌이다가 격분해서 죽음	태화2년228년 낙양에서 병사함	『위서. 왕랑전王朗傳』
서황	제94회 맹달孟達의 화살에 맞아 죽음	태화 원년227년 병사함	『위서. 서황전』
학소	제98회 진창성陳倉城이 습격당하자 충격을 받고 급사함	낙양에서 병사함	『위서. 명제기明帝紀』에 인용된 『위략』
조진	제100회 제갈량의 서한을 받고 격분해서 죽음	태화5년231년 낙양에서 병사함	『위서. 조진전』
진식	제100회 군율을 어겨 제갈량에게 죽임을 당함	촉나라가 망하기 전에 병사함	『진서. 진수전陳壽傳』
하후패	제115회 조양성洮陽城 전투에서 죽음	경요景耀2년259년 병사함	『촉서. 후주전』으로 추정함

178

주유편

누가 주유를 겁쟁이라고 했는가?

진수는 주유와 노숙을 "영웅답고 장렬하며 담력과 지략이 보통 사람들을 넘었다"라고 평가했다.

주유는 도량이 좁은 소인배의 이미지로 우리에게 널리 알려져 있다. 『삼국연의』에서 제갈량은 주유를 세 번이나 약 올린 끝에 격분한 나머지 화병으로 죽게 만들었다. 주유는 제갈량에게 번번이 골탕 먹은 게 오죽이나 가슴에 한이 맺혔으면 임종할 당시 하늘을 우러러 "왜 하늘은 주유를 낳고 제갈량을 낳았습니까?"라고 길게 탄식했다. 하지만 이는 어디까지나 소설 속의 이야기일 뿐 실제 역사적 사실은 전혀 다르다.

진수의 『삼국지. 오서. 주유전』과 배송지가 인용한 여러 역사서에는 주유가 도량이 좁은 인물이기는커녕 오히려 식견이 뛰어난 유능한 인재로 기록되어 있다.

손권이 스무 살의 어린 나이에 손책을 이어 강동 지역을 다스리게

후베이 자위嘉魚에 있는 적벽

되었을 때다. 여러 장수들과 빈객들은 어린 손권을 무시하고 푸대접했지만 주유는 달랐다. 손책과 동갑내기이며 높은 지위에 있었음에도 주유는 깍듯한 태도로 손권에게 신하된 예를 갖추는 대범한 모습을 보였다.

「강표전」에도 다음과 같은 기록이 있다. "당시 오나라 장수 정보는 주유보다 연륜과 경륜이 높았지만 그보다 지위가 낮은 것에 불만을 품고 있었다. 그리하여 걸핏하면 주유의 심기를 건드렸는데, 주유는 이를 문제 삼지 않고 매번 자발적으로 양보했다. 이에 감동한 정보는 '주유를 만날 때마다 향기로운 술을 마시는 것처럼 나도 모르게 취하고 만다'라며 탄사를 늘어놓았다고 한다."

손권은 주유를 아주 높게 평가했는데, 육손에게 "주유는 용맹스러움과 담략을 겸비한 인재다"라고 말한 적도 있다. 「강표전」의 기록에 따르면 주유가 죽었을 당시 손권은 눈물을 흘리며 "주유는 나를 보좌해 준 현자인데 이렇듯 홀연히 단명하고 말았으니 앞으로 과인은 누구를 의지한단 말인가!"라고 탄식했다. 그리고 훗날 제위에 오르고 나서도 여러 대신들에게 "주유가 아니었다면 과인은 제위에 오르지 못했을 것이다"라고 말했다.

이로 미루어 주유는 넓은 도량과 담략을 갖추었으며 식견이 뛰어난 인재였음을 알 수 있다. 그러나 유비의 촉한을 정통으로 여겼던 나관중은 『삼국연의』에서 주유를 제갈량의 탁월한 식견과 지도력을 부각시키기 위한 일종의 도구로 전락시키고 말았다. 즉 도량이 좁고 질투심에 사로잡힌 소인배로 만들었던 것이다. 나관중의 손에서 창조된 주유의 캐릭터는 아주 성공적이었다. 덕분에 주유와 제갈량이 지혜를 겨루는 일화들은 다양한 장르의 소재로 활용되면서 민간에 널리 퍼졌다. 결국 주유는 제갈량과 정반대의 인물로 각색된 채 소설과 희극 속

와룡의 장례

에 등장하였고 실제 역사 속의 주유와는 전혀 동떨어진 인물이 된 것이다.

적벽대전 당시 서른넷의 주유는 웅장한 영웅의 기개를 드높였고, 손권과 함께 강하를 정벌할 때는 전부대독前部大督으로, 서른다섯에는 편장군으로 임명되어 남군태수에 제수되었다.

주유는 어릴 때부터 음악에 정통하여 술이 세 순배 이상 돌 정도로 만취한 상태에서도 연주 중에 가락이 빠지거나 틀린 것이 있으면 대번에 알아차릴 정도였다. 그래서 당시 사람들은 종종 "곡 중에 틀린 가락이 있으면 주랑이 돌아본다"라고 말했다.

주유에 대한 정당한 평가는?

> 강동의 주랑은 뛰어난 인재로 장렬하고 담략이 뛰어나 죽음도 두려워하지 않았다.

주유보다 일고여덟 살 정도 어렸던 손권은 주유를 전적으로 신임하고 따랐다. 주유에게 국가대사를 일임했을 뿐만 아니라 주유가 추천한 노숙에게 자신의 일을 대신하게 할 정도였다. 이렇듯 정신적인 지주로 막대한 영향을 미치던 주유가 죽자 울면서 탄식했으며, 제위에 오르고 나서도 "주유가 아니었다면 과인은 제위에 오르지 못했을 것이다"라고 주유를 회고했다.

당시 대립하고 있던 조조와 유비도 각자 주유에 대해 평한 적이 있

주유가 수군을 훈련시킨 주장九江의 옌수이팅烟水亭

었다. 손권을 찾아왔던 유비가 경구京口를 떠날 때 손권은 연회를 베풀어 환송식을 열었다. 연회가 끝나자 유비는 손권에게 작별 인사를 하면서 이렇게 말했다. "주유는 문무를 겸비한 인재이며 도량이 넓어 만인에게 존경받는 인재입니다. 언제까지 신하로 만족할 만한 위인은 아닌 듯합니다."

적벽대전에서 패한 뒤 주유가 뛰어난 전략가임을 알고 그를 흠모하게 된 조조는 장간蔣幹을 보내 주유를 회유하도록 했지만 성공하지 못했다. 그러자 다시 손권에게 서신을 보내 손권과 주유를 이간질하려고도 했다.

역사적 관점에서 봤을 때 적벽대전은 조조와 동오의 대립이었다. 특히 조조를 대패시킨 주요 공로자는 마땅히 주유라고 할 수 있다. 그래서 후세 사람들은 주유를 평가할 때 종종 적벽대전을 함께 언급했다. 당송 시인들도 예외는 아니었다. 예컨대, 소식蘇軾은 『염노교念奴嬌』에서 "당시의 주유를 되짚어보매, 소교와 결혼해서 영웅의 모습과 지략을 뽐내었다네. 부채를 흔드는 제갈량과 담소하는 사이 돛대와 노는 재로 날리고 연기로 사라졌다네"라고 읊었다.

또한 대복고戴復古는 『적벽赤壁』에서 "천 년 전의 주유가 바로 눈앞에 있는 듯 선하네. 부채를 흔드는 영웅의 자태 아래 활활 타오르는 불이 조조의 배를 태우는구나"라는 시구를 삽입했다.

주유

여몽은 '사면초가' 계략으로 관우에게 대적했는가?

형주 땅을 공격해서 빼앗아야 한다는 여몽의 주장은 손권에게 절대적 지지를 얻었다. 여몽은 형주 정벌에 나서면서 기발한 전략을 펼쳤다.

『삼국연의』에서는 여몽이 형주를 정벌하던 과정을 다음과 같이 묘사하고 있다.

"문득 산언덕 위에서 수많은 사람들이 모여 흰색 깃발을 흔드는 모습이 보였다. '형주토인荊州土人'이라는 네 글자가 써진 깃발을 흔들며 사람들이 큰 소리로 외쳐댔다. '형주 출신 사람들은 속히 항복하라!' 이때 사면에서 관우군을 에워싸며 협공을 해오니 함성은 땅을 흔들고 북과 피리 소리가 하늘에 진동하면서 관우군은 점점 줄어들었다. 어느덧 황혼녘에 이르러 관우가 멀리 산 위를 바라보니 모두 형주 출신 병사들이었다. 서로 형과 아우를 부르며 아들과 아비를 찾는 함성이 끊이질 않았다. 관우군의 군심이 일순간 변하여 산에서 부르는 소리를 따라 가버렸다. 관우는 호통을 치며 만류했으나 모두들 가버리고 삼백 명의 군사만 남게 되었다.”

위의 상황은 진秦대 말엽. 한신이 해하垓下에서 항우를 포위했을 때 '사면초가四面楚歌'의 방법으로 적군의 전투력을 와해시켰던 것과 매우 흡사하다. 나관중은 여몽이 관우를 대패시키는 과정에서 한신이 이용했던 사면초가의 전략을 본떴다. 그러나 실상 역사서에서는 여몽이 그러한 전략을 이용했다는 기록이 없다.

여몽이 형주를 정벌하는 과정에서 남다른 고심을 했던 것은 사실이다. 그러나 여몽이 사용한 방법은 그야말로 속임수 그 자체였다. 먼저 여몽은 중병에 걸려 위독한 척 관우를 속인 이후 육손을 시켜 관우에게 편지를 보냈다. 관우의 용기와 지략을 과장되게 칭송하여 관우를 우쭐하게 만들었던 것이다. 예상대로 육손을 풋내기로 여긴 관우는 형주 수비군의 대부분을 번성으로 이동시켰다. 육손이 이 사실을 탐지하고 손권에게 급히 보고하자 손권은 즉시 여몽을 총사령관에 임명해 형주로 급파했다. 여몽은 병사들에게 흰옷을 입혀 상인으로 가장하고 강을 건너 연안 초소를 함락시킨 뒤 군대를 몰아 형주성으로 향했다. 강릉과 공안公安의 수비를 맡은 남군태수 미방과 장군 부사인은 평소 관우에게 불만을 갖고 있었기 때문에 앞다투어 여몽에게 투항해 버렸다. 고립된 관우는 유봉과 맹달에게 사자를 보내 구원을 요청했지만 거절당했다. 관우는 어쩔 수 없이 나머지 군사를 이끌고 서쪽의 맥성으로 후퇴했으나 곧이어 생포되는 동시에 형주를 빼앗기고 말았다.

관우를 숭상하는 문화적 영향력 때문에 여몽의 이미지는 부당한 훼손을 당했다. 여몽은 젊은 시절 집이 가난하여 글공부를 못했지만 대신 무예를 닦아 훌륭한 장수가 되었다. 그는 손권에게서 책을 많이 읽어 학식을 쌓으라는 충고를 들은 뒤로 글공부에 전념하기 시작했다. 전쟁터에서도 책을 손에서 떼지 않을 정도로 열심히 글공부를 한 끝에 크나큰 발전을 이루었다. 한번은 여몽과 담론을 나누게 된 노숙은 깜짝 놀라며 "나는 이제껏 그대가 무술만 아는 줄 알았소. 그런데 지금 그대의 학문이 놀랍도록 뛰어난 걸 보니 예전 오나라 시골에 있던 여몽이 아니구려"라며 탄복했다. 이에 여몽도 웃으며 "선비는 헤어졌다 사흘이 지나면 마땅히 눈을 비비며 서로를 봐야 합니다"라고 대답했다. 오늘날 흔히 사용하는 '괄목상대刮目相對'의 고사성어가 바로 여기서 유래되었다.

주유와 노숙의 뒤를 이어 여몽은 손권이 가장 믿고 총애하는 신하로 크게 중용되었다. 여몽은 주유보다 세 살, 노숙보다는 여섯 살이 어렸으며, 손권보다는 네 살이 많았다. 여몽이 마흔둘의 나이로 죽자 손권은 그의 죽음을 안타까워하며 크게 비통해했다. 진수는 『삼국지. 오서. 여몽전』에서 "용맹하면서도 지략에 능했으며 무장으로 그만한 인물이 없었다"라고 여몽을 평가했다.

여몽을 들먹일 때면 꼭 따라붙는 인물이 육손이다. 여몽은 육손을 아주 겸허하다고 높이 평가하며 손권에게 추천하고 자신을 대신해 육구를 수비하도록 한 뒤 함께 관우를 공략했다.

육손은 서생이었을까?

육손은 관우의 적수로, 동오의 명신이자 명장이었다. 그는 뛰어난 정치가이자
탁월한 군사가로, 전쟁에서 단 한 번도 패한 적이 없을뿐더러 자신 없는 전쟁
은 결코 일으키지 않았다. 그야말로 삼국 시대의 걸출한 인재였다.

『삼국연의』제83회에는 '강구를 지키다가 서생은 대장이 된다'라는
부제목이 나온다. 여기서 '서생'은 바로 육손을 가리킨다. 육손은 서
생으로 편장군 우도독으로 임명되어 육구로 부임하자마자 관우에게
서신을 보냈다. 서신의 내용은 『삼국연의』제75회에서도 언급하고 있
지만 "관우가 서신을 뜯어보니 내용이 극히 겸손하고 조심스러웠다"
라고만 할 뿐 내용에 대해서는 소개되어 있지 않다. 대신 『삼국지. 오
서. 육손전』에는 서신 내용을 다음과 같이 기록하고 있다.

"나는 서생으로 재능과 학문이 부족하고 행동은 더디기만 한데 감
당하지 못할 크나큰 직무를 맡게 되었소. 나는 위엄과 덕행이 있는 당
신과 이웃이 되어 기쁘고 진심을 다해 대하고 싶소."

육손

　육손은 스스로를 '서생'이라 부르며 자부심에 가득 찬 관우에게 비굴하리만큼 겸손한 태도를 보였다. 이렇듯 비굴한 태도 덕분에 자만심에 차 있던 관우는 편지 내용을 진짜로 받아들이고 육손에 대한 경계심을 풀었다. 『삼국연의』에서는 이 서신 내용을 빌미로 삼아 육손을 진짜 '서생'으로 만들었다. 예컨대 감택이 육손을 대도독으로 추천했을 때 장소는 "육손은 일개 서생일 뿐이오!"라고 반대했다. 또한 육손이 대도독으로 임명된 소식이 전해지자 한당과 주태 역시 "주상께서는 어찌 일개 서생을 대도독으로 임명한단 말인가?"라고 탄식했다. 유비의 책사였던 마량도 "육손은 동오의 일개 서생이나 나이가 어린 반면에 재능이 출중합니다"라고 말했다. 하지만 이는 역사적 사실과는 전혀 다른 것으로 『삼국연의』에서 창작한 내용일 뿐이다.

먼저 육손은 광화光和7년183년에 태어났다. 손권보다는 한두 살이 적고, 여몽보다는 네다섯 살이 적었다. 그러나 이릉 전투를 치를 당시에는 이미 마흔 안팎이었기 때문에 '나이가 어리다'라는 말은 지극히 과장된 표현임을 알 수 있다.

또한 육손을 '서생'이라고 한 말도 크게 잘못된 표현이다. 손권은 형주를 정벌할 때 육손과 여몽을 최전선에 내세워 공안과 강

강구를 지키던 서생이 대장에 임명되다.

릉을 점령한 뒤 여몽을 주둔시키고 육손은 계속해서 강릉 서쪽의 의도宜都와 자귀秭歸를 공격하도록 했다. 육손의 관직과 그가 세운 공적은 여몽과 막상막하로, 여몽이 죽은 뒤에는 동오의 서쪽 전선을 책임지는 최고 지휘관이 되었다. 유비가 동쪽 정벌에 나섰을 때 맨 처음 맞부딪힌 상대는 육손의 직속 수하였던 이이李異와 유아劉阿가 이끄는 부대였고, 이후에도 진군할 때마다 항상 육손의 주력 부대와 싸워야 했다.

〈 『삼국연의』와 『삼국지』에서 이릉 전투에 참여한 오나라 장수 〉

성명	『삼국연의』	『삼국지』	비고
손환孫桓	제1군 우도독	이도夷道에서 포위당함	–
주연	제1군 우도독, 조운에게 죽임을 당함	탁향涿鄕에서 유비를 격파하고, 유비의 선봉대를 무찌르고 퇴로를 차단함	–
이이	손환의 부장部將, 관흥에게 죽임을 당함	육손의 부장으로, 유비를 남산까지 내쫓음	본래 무현巫縣을 방어하고 있었음
사정謝旌	손환의 부장, 장포張苞에게 죽임을 당함	육손의 부장	–
한당	제2군 장수	탁향에서 유비를 격파함	–
주태	제2군 부장	전투에 참가하지 않음. 이릉 전투 당시 이미 유수구濡須口를 떠났고 중병에 걸려 있었음	–
반장	제2군 선봉장	고릉高陵태수로 육손을 수행해 전투에 참가함	–
능통	제2군 합후合後	건안23년218년에 병사함	–
감녕	제2군 지원군	건안25년220년 서릉태수로 재직 중에 병사함	–
육손	제3군 대도독	황무 원년에 대도독, 가절로 임명됨	본래 자귀현秭歸縣을 방어하다가 스스로 후퇴함
서성徐盛	육손 호위	유비가 서릉에 주둔하고 있을 때 여러 군영을 빼앗고 공적을 세움	
정태丁泰	육손 호위	–	육손, 반장 수하의 소장小將
순우단淳于丹	–	육손을 수행하여 전투에 참가함	『육손전』에는 선우단鮮于丹으로 잘못 표기됨
송겸	–	육손을 수행하여 전투에 참가함	『삼국연의』에서는 일찍이 합비 전투에서 전사함

3장

책사,
삼국 쟁패전의 주역들

뛰어난 지략과 전술로 제왕을 보필하고, 전투를 막후에서 지휘했던 책사들이야말로 삼국 시대 천하삼분의 제업을 이룬 일등공신이라 할 수 있다. 그들은 고비 때마다 지혜를 발휘하여 위기에 처한 나라를 구해내고 불리한 정세를 반전시켜 전투를 승리로 이끌었다.

제갈량이 거둔 첫 번째 전승은 진짜였을까?

유비는 삼고초려 끝에 제갈량을 얻었다. 이를 못마땅하게 여기던 관우와 장비에게 유비는 "제갈량을 얻은 것은 물고기가 물을 만난 것과 같다"라고 말했다.

『삼국연의』 제39회에는 박망파에서 처음으로 용병술을 쓰는 제갈량의 일화가 나온다. 비록 전투 장면은 그다지 많지 않지만 조조군과 주거니 받거니 진퇴를 거듭하는 모습이 흥미진진하게 묘사되었으며 인물들도 생동감 넘치게 표현되었다.

박망파 전투는 제갈량이 은둔 생활을 끝내고 유비를 따라 나선 뒤 최초로 지휘한 전투였다. 처음부터 제갈량을 못마땅하게 여기던 관우와 장비는 차치하고서라도, 뛰어난 혜안을 가진 현자라고 제갈량을 추켜세우던 유비 역시 내심 불안하기는 마찬가지였다. 그러나 제갈량은 화공과 유인법을 쓰면 100퍼센트 승리할 수 있다며 확신하고 있었다. 그래서 전략을 세우고 군사를 배치한 뒤 싸우기도 전에 공로부功勞簿 먼저 작성했다. 과연 그의 예측대로 대승리를 거두자 그제야 제갈량

비스듬히 누워 있는 제갈량

의 진면목을 깨달은 관우와 장비는 그 앞에 무릎을 꿇고 절을 했다.

　나관중은 이렇듯 박망파 전투를 제갈량이 거둔 첫 승전으로 크게 추켜세웠다. 그러나 실상 역사적 사실은 이와 다르다. 사료를 살펴보면 박망파 전투는 제갈량과 아무런 관계가 없다는 사실을 알 수 있다.

　일찍이 유비가 형주 유표에게 의탁하자 형주에 있던 수많은 호걸과 인재들이 유비 수하로 몰려들었다. 이에 의심을 품은 유표는 일부러 유비를 박망파로 보내 조조군의 하후돈, 우금 등과 싸우도록 했다. 진수의『삼국지. 촉서. 선주전』에는 "선주는 먼저 복병을 매복시킨 뒤 아군의 군영을 불태우고는 도주하는 것처럼 꾸몄다. 이를 모르고 추격해오던 하후돈은 복병들의 공격에 크게 패했다"라고 기록되어 있다.

　사실 당시 박망파 전투는 유비군이나 조조군 모두 규모가 보잘것없는 사소한 전투에 불과했다. 그래서『삼국지』의「조조전曹操傳」이나「유표전」등의 개인 전기에는 언급조차 없었다.「하후돈전」과「우금

연화 〈불타오르는 박망성〉

전于禁傳」에서도 마찬가지로 박망파 전투 일화를 찾을 수가 없다.

박망파 전투는 「유비전」이외에 『삼국지. 위서. 이전전李典傳』에 기록이 남아 있다. 다만 장소가 엽현葉縣으로 기록되어 있는데 다음과 같다. "유비는 먼저 복병을 매복시킨 뒤 아군의 군영을 불태우고는 도주하는 것처럼 꾸몄다. 이에 하후돈이 군사를 이끌고 추격하려고 하자 이전이 '적은 필시 복병을 매복시키고서 거짓으로 도망치고 있는 것이 분명합니다. 남쪽은 길이 좁고 나무가 무성해서 위험하니 추격해서는 안 됩니다'라고 만류했다. 그러나 하후돈이 이를 무시한 채 우금과 함께 유비군을 쫓아 출격하자 이전은 뒤에 남아 후방을 지켰다. 매복했던 복병들에게 둘러싸여 하후돈이 위험에 빠지자 이전이 급히 병사들을 이끌고 쫓아갔다. 유비는 구원군이 오는 것을 보자 급히 후퇴했다."

사마광司馬光은 『자치통감資治通鑑』에서 이 전투가 한 헌제 건안7년202년에 발생했다고 기록하고 있다. 이러한 역사적 자료와 비교해보면,

박망파 전투에서 하후돈이 십만 명의 군사를 이끌었다
는 『삼국연의』의 내용은 매우 과장되었음을 알 수 있다.
또한 제갈량이 전투의 주인공이 되어 첫 번째 승전을 거
둔 것도 순전히 소설적인 픽션에 불과했던 것이다.

　사실 그해 제갈량은 아직 유비를 만나기 전이었
다. 유비가 삼고초려를 해서 제갈량을 책사로 데
려온 것은 서기 207년으로 제갈량이 스물일곱 살
이 되던 해였다. 박망파 전투는 그보다 5년 전에 발생
했으며, 이를 근거로 추산하면 당시 제갈량의 나이
는 스물두 살이었음을 알 수 있다. 유비가 박망파
전투를 치르던 202년은 제갈량에게도 개인적으로
기념비적인 해라고 할 수 있다. 그해에 황승언黃承彦
의 딸을 아내로 맞이했기 때문이다.

황승언

'초선차전'은 어떻게 된 일이었나?

『삼국연의』에서 제갈량은 신출귀몰한 지략가로 등장한다. 특히 신출귀몰한 그
의 지략이 가장 돋보인 일화는 바로 '초선차전草船借箭'이었다.

이른바 허수아비를 태운 배를 이끌고서 10만 개의 화살을 모은 '초선
차전' 일화는 적벽대전의 백미로 꼽힌다. 제갈량의 뛰어난 재능을 유
감없이 보여준 명장면 중의 하나다. 당시 주유는 일부러 제갈량에게

열흘 이내에 화살 10만 개를 구해오라고 명령을 내렸다. 불가능한 일인 줄 뻔히 알면서도 무리한 명령을 내렸던 것은 군기를 바로잡는다는 핑계로 제갈량을 죽이기 위해서였다. 그러나 뜻밖에도 제갈량은 단삼일 만에 화살 10만 개를 구해오겠다며 호언장담했다. 이뿐만 아니라 실패할 경우 중벌도 달게 받겠다며 그 자리에서 군령장까지 쓰도록 했다.

제갈량의 안위를 걱정한 노숙은 안절부절 어쩔 줄을 몰랐지만 정작 당사자는 태연하기만 했다. 제갈량은 강 위에 짙은 안개가 깔린 틈을 타 배에 허수아비를 잔뜩 태운 채 조조의 진영으로 다가갔다. 이를 알리 없는 조조군은 화살을 쏘며 무차별 공격을 퍼부었고 덕분에 제갈량은 약속한 화살 10만 개를 거뜬히 얻어서 돌아왔다. 이때 탄복한 주유가 "오늘 이처럼 짙은 안개가 낄 줄 어찌 아셨습니까?" 하고 묻자 제갈

연화 〈초선차전〉

량은 이렇게 답했다. "무릇 병사를 이끄는 장수가 천문에 도통하지 않고 지리를 모르며, 음양의 도를 깨치지도 진법을 읽지도 못하는 데다가, 군사들의 기세를 살피지 못한다면 무엇에 쓰겠는가? 난 이미 오늘 안개가 낄 것을 예측하고 있었기에 3일의 말미만 주면 된다고 큰소리를 친 것이오."

『삼국연의』에서 나관중은 제갈량을 귀신처럼 앞날을 꿰뚫어보는 존재로 묘사했다. '초선차전' 일화 역시 얼마나 생동감 넘치고 기가 막힌 내용인가? 그래서 청나라 모종강은 "기발한 이야기에 빼어난 문장 솜씨"라고 감탄해 마지않았다.

하지만 사료를 살펴보면 적벽대전을 치를 당시 제갈량이 귀신같은 솜씨로 화살을 구해온 초선차전의 일화는 실제로 존재하지 않는다. 대신 그로부터 5년 뒤, 제갈량이 아닌 손권에게 그와 비슷한 사건이 일어난다.

『삼국지. 오서. 오주전』에 따르면, 건안18년213년 정월, 조조가 유수濡須를 공격해오자 조조와 손권의 진영은 한 달여 동안 대치 상태에 빠졌다. 그러던 어느 날, 손권이 커다란 병선을 타고 정세를 살피러 다가가자 조조는 명령을 내려 마구 화살을 쏘아댔다. 순식간에 쏟아진 화살로 배 한쪽이 갸우뚱해지자 손권은 배가 전복될까 봐 재빨리 배의 방향을 돌리게 했다. 그러자 이번에도 화살이 마구 쏟아져 내렸다. 덕분에 양쪽에 화살을 가득 채워 균형을 되찾은 배는 유유히 되돌아갔다.

이는 적벽대전이 있은 지 5년 뒤의 일이었으며, 당시 손권의 목적은 '화살'을 구하기 위한 것이 아니라 정세를 살피기 위해서였음이 분명했다. 하지만 나관중은 『삼국연의』에서 사건의 주인공과 시간을 모두

뒤바꿨다. 덕분에 이 일로 적벽대전의 서막이 오르면서 흥미진진한 대전투가 벌어지게 되었다.

제갈량은 한중 땅에 정말로 갔었나?

> 한중은 농경사회였던 당시에 병법가들에게는 반드시 취해야 할 전략적 거점
> 이었다. 조조는 한중을 차지하고 나서야 익주를 위협할 수 있었고, 유비는 한
> 중을 얻고서야 자신의 지위를 공고히 할 수 있었다.

유비는 전략적 요충지였던 한중 땅의 중요성을 일찌감치 간파했다. 건안16년211년 당시 한중을 차지하고 있던 장로의 위협에 끊임없이 괴롭힘을 당하던 유장은 유비에게 도움을 요청했다. 그리하여 군사를 이끌고 익주로 가서 가맹관에 주둔하게 된 유비는 한중과 성도가 이와 잇몸의 관계처럼 밀접한 까닭에 한중 땅이 중요한 전략적 요충지라는 사실을 깨달았다.

『삼국지. 촉서. 황권전黃權傳』에 따르면, 유비가 성도를 공격해서 점령한 그해215년 조조가 군사를 일으켜 한중을 쳐들어오자 장로가 파중으로 도망쳤다. 이때 황권黃權이 유비에게 말했다.

"만일 한중을 잃게 되면 파동, 파서, 파중을 방어하기 힘들어집니다. 이 세 지역을 잃게 되면 곧 익주의 팔이 잘리는 것과 다름없습니다. 그러므로 지금은 잠시 장로와 연합하여 파중을 지키면서 조조의 남하를 막는 것이 가장 급선무입니다."

한중 땅을 평정하는 조조

　그리하여 유비는 황권을 시켜 군사를 이끌고 장로를 데려오게 했다. 그러나 황권이 도착했을 때 장로는 이미 남정으로 가서 조조에게 항복하고 난 뒤였다. 이에 황권은 파동, 파서, 파중을 공격하여 그곳의 태수였던 두호杜濩, 박호朴胡, 하후연을 차례로 죽인 뒤 한중을 빼앗았다. 즉 한중의 중요성을 가장 먼저 유비에게 알린 사람은 황권이었다.

　그 후 조조가 한중을 공격해왔다. 그러나 중원의 일들이 산적한 데다 내부적으로 불안한 상황이었던 탓에 조조는 사마의와 유엽劉曄의 만류에도 불구하고 한중을 점령하자마자 곧장 중원으로 돌아갔다. 대신 그가 주둔시키고 간 수하 장수 장합은 승승장구하던 전세를 이용해 탕거, 몽두, 탕석까지 파죽지세로 공격했다. 그러나 장비와 50여 일간 대치한 끝에 대패하고 부하 십여 명과 남정으로 도망가면서 파서 지역은 평정을 되찾았다.

건안22년217년, 법정이 유비에게 한중을 점령할 것을 건의했다. 이에 유비는 군사를 두 갈래로 나누어 한중을 침공했다. 유비 자신은 주력 부대를 거느리고 성도 북쪽에서 남하하여 양평관에서 하후연, 장합과 대치했고, 나머지 부대는 오란吳蘭과 뇌동雷銅의 인솔하에 무도武都로 들어갔으나 모두 조조군에 전멸되었다. 유비가 한중 정벌전을 벌이는 내내 법정이 옆에서 수행했으며, 제갈량은 성도를 지키면서 병참 보급을 지휘했다. 유비는 무려 2년 동안 조조와 한중 쟁탈전을 벌였지만 제갈량은 단 한 번도 그를 수행하지 않았다. 『삼국지. 촉서. 황권전』에도 "유비가 출정한 동안 제갈량은 성도를 지키며 병참 보급을 맡았다"라고 기록되어 있다. 물론 제갈량도 때때로 한중에 간 적이 있었다. 『운화군현도지元和郡縣圖志. 산남도山南道』에는 이렇게 기록하고 있다.

"흥세산興勢山은 현의 북쪽 20리 거리에 있다. 촉의 유비는 제갈량을 파견하여 흥세산을 살피고 봉화대를 세워 봉홧불로 서로 신호를 교환했다."

『삼국연의』제70회에는 황충과 엄안이 한중의 천탕산을 빼앗은 뒤 즉시 한중을 공략해야 한다는 법정의 의견에 따라 유비와 제갈량이 십만 명의 군사를 이끌고 출정하는 내용이 담겨 있다. 제갈량의 신출귀몰한 지략이 번득이는 대목인데, 특히 천성적으로

조홍

〈 촉한 한중의 장수 〉

장수	주둔 기간	작위	비고
위연	건안24년219년부터 건흥5년227년까지	진원장군, 한중태수, 진북장군	수하 부장은 오의. 건흥5년227년부터 12년234년까지 제갈량을 수행하며 북벌에 나섬
오의	건흥12년234년부터 15년까지	차기장군, 가절, 옹주자사, 제양후濟陽侯	수하 부장은 왕평. 건흥5년237년 병사함
왕평	건흥15년237년부터 연희11년248년까지	진북대장군, 안한후安漢侯	연희11년248년 병사함
호제胡濟	–	진서대장군	강유가 검각에서 위나라 군과 싸우는 동안 한수를 지킴

의심이 많은 조조의 맹점을 이용한 심리전은 매우 흥미롭다.

사실 『삼국지』에는 제갈량과 조조가 직접적으로 지략을 견주는 내용이 없다. 즉 제갈량과 조조는 단 한 번도 직접적으로 접촉한 적이 없었다는 의미다. 제갈량과 조조의 지략 싸움은 오로지 나관중의 예술적 창의력으로 빚어진 픽션이었던 것이다.

공성계의 주인공은?

공성계는 참으로 위험한 전략으로 초인적인 대범함과 침착성이 필요하다. 제갈량의 공성계에는 마속이 가정을 잃는 바람에 죽임을 당하는 일화도 나온다. 그렇다면 공성계는 사실이었을까?

삼국 시대는 군웅들이 천하를 차지하기 위해 치열한 싸움을 벌이던 시

연화 〈공성계〉

대로 계략과 책략이 난무했다.

삼국지의 '공성계'는 남녀노소 모두가 알고 있는 유명한 일화다. 대범하고 침착하기만 한 제갈량의 모습과 상대적으로 불안과 의심에 사로잡힌 사마의의 모습이 눈에 선하게 떠오르는 대목이다. 공성계는 평생 신중함으로 이름 높던 제갈량이 유일하게 스스로를 위험에 내던진 끝에 값진 승리를 거머쥔 사건이었다. 물론 이는 사마의의 인물 됨됨이를 미리 파악하고 있던 제갈량의 통찰력이 있었기에 가능한 계략이었다.

『삼국연의』는 제갈량이 앞날을 귀신같이 예견하는 특출한 능력으로 사마의 대군들의 포위 속에서도 홀로 성을 지켜내는 모습을 흥미진진하게 묘사하고 있다. 그러나 역사적 사실에 비춰보면 이는 순전히 허구에 불과하다. 가정을 잃은 것은 건흥6년228년의 일이었다. 또한 조조의 수하 장수 역시 사마의가 아니라 조진이었다. 조진이 죽고 나서야 사마의는 제갈량과 맞붙어 볼 기회를 얻었다.

삼국 시대는 너 나 할 것 없이 끊임없는 전쟁을 치르며 지략을 견주던 시대였다. 삼국 시대에 실제로 공성계를 구사한 사람은 위 문제 조비의 부하 장수로 강하에 주둔했던 문빙文聘이었다.

문빙의 자는 중업仲業으로 남양 완현宛縣 사람이다. 본래 유표의 수하 장군으로 형주의 남쪽 방어를 책임지고 있었다. 훗날 유표의 아들 유종이 조조에게 투항했을 때 문빙은 비굴하지 않고 의연한 태도로 조조에게 호감을 샀다. 조조는 그의 뛰어난 무공과 충성심을 높게 평가하며 후하게 대했다. 문빙은 강하태수, 연수정후延壽亭侯로 봉해졌다가 토역討逆장군으로 임명되었고, 훗날 장안향후長安鄕侯 작위를 받고 후장군직에 올랐다. 『삼국지. 위서. 문빙전文聘傳』

어느 날, 손권이 직접 군사 오만 명을 이끌고 문빙의 방어선을 기습 공격했다. 마침 연속 사나흘 동안 비가 내려서 성벽이 무너져 내린 터라 병사들은 적군이 공격해 온 것도 모른 채 들판에서 돌을 캐느라 정신이 없었다. 뜻밖에 적군에게 포위당한 다급한 순간에도 문빙은 침착함을 잃지 않았다. 그는 성안의 모든 사람들에게 몸을 숨길 것을 명령한 뒤 자신은 방 안에서 잠자는 척 드러누웠다.

과연 문빙의 공성계는 그대로 들어맞았다. 『삼국지. 위서. 문빙전』에 따르면, 손권은 수비하는 군사 한 명 없이 쥐죽은 듯 조용하기만 한 성을 바라보며 의혹에 사로잡히고 말았다. "문빙은 자신의 본분에 최선을 다하는 충직한 자이기에 조조는 그를 중요한 전략 요충지에 주둔시킨 것이다. 헌데 우리 공격에도 개미 한 마리 얼씬거리지 않는 걸 보면 분명 계략이 있는 게 분명하다. 어쩌면 매복을 숨겨놨는지 모를 일이다." 손권은 즉각 군사를 후퇴시켰다. 문빙은 그 틈을 타서 잽싸게 병사들을 파견해 뒤를 추격했다.

이것이 바로 역사상 실재했던 공성계다. 공성계의 주역은 손권과 문빙이었으며, 장소는 강하의 석양石陽이었다. 진수와 배송지는 위의 일화를 모두 역사서에 기록했다. 특히 배송지는 『위략』에 기록된 자세한 세부 묘사와 손권의 말까지도 정확하고 생동감 넘치게 인용했다.

진수는 제갈량을 어떻게 평가하고 있는가?

제갈량 일생의 중대사를 일부터 십까지의 숫자와 함께 간단히 요약한 글이 있다. 내용인즉 "유비를 보좌해서 한중과 익주를 점령하고, 유비를 구하기 위해 팔진법을 썼으며, 여섯 번 북벌에 나서고 일곱 번 맹획孟獲을 풀어주었고, 오장원에서 서른아홉 개 등잔에 불을 켜고 수명을 연장하려고 했으니, 유비의 삼고초려에 보답하기 위해 죽을 때까지 몸과 마음을 바쳐 충성을 다했다."

『삼국지. 촉서. 제갈량전』에서 진수는 제갈량을 두 가지 측면에서 평가했다. 첫째는 긍정적인 찬사로 "제갈량은 세상을 다스리는 이치를 터득한 걸출한 인재로 관중管仲과 소하蕭何에 필적할 만하다"라고 말했다. 둘째는 부정적인 비평으로 "연달아 군사를 동원해 출정했지만 성공을 거두지 못했으니 전략을 구사하는 데는 열등했다!"라고 했다.

제갈량은 젊은 시절 융중에서 은거할 때 곧잘 스스로를 관중과 악의

樂毅에 비유하며 가슴 속에 크나큰 포부를 키웠다. 또한 수많은 책을 섭렵하며 『논제자論諸子』라는 책을 직접 편찬하기도 했다. 스물일곱 살에 은둔 생활을 끝내고 유비의 수하로 들어온 뒤에는 "오나라와 연합하여 조조에 항거해야 한다"라고 주장했다. 스물여덟 살에는 오나라와 연합하여 적벽대전을 치러 조조군을 격파했고, 군사중랑장軍師中郞將으로 임명되어 영릉, 계양, 장사 등 3개 군을 다스렸다.

유비가 수만 대군을 이끌고 촉으로 출정할 당시 제갈량은 관우와 함께 형주를 지켰는데, 이때 그의 나이 서른한 살이었다. 그로부터 3년 뒤, 병사 수만 명을 이끌고 익주로 건너가 유비를 도와 성도를 공격하고 유장을 투항시켰다. 유비가 병사를 이끌고 한중의 장로를 공격하자 서른아홉 살의 제갈량은 성도를 지키면서 병참 보급을 도맡았다. 그 후 예순한 살의 나이로 유비가 황제로 즉위하자 제갈량은 승상으로 임명되었는데, 이때 그의 나이 마흔한 살이었다.

그다음 해, 유비는 대군을 이끌고 오나라를 공격하지만 이릉에서 대패하고 백제성에서 숨을 거두었다. 그렇게 해서 당시 마흔두 살이던 제갈량이 촉한의 실제 정권을 도맡아 처리하기 시작했다.

유선이 열일곱의 나이로 즉위하자 제갈량은 등지를 사신으로 파견해 오나라와 동맹을 맺었다. 이어서 관리 제도를 정돈하여 유능한 인재를 발굴하고, 논밭과 수리 시설을 정비했으며, 군사력을 강화하여 치국에 온 힘을 쏟았다. 그리고 그의 나이 마흔다섯 살에 대군을 이

제갈량

伐中原
武侯
上表

'출사표'를 올리는 제갈량

끌고 남쪽 정벌에 나서 맹획을 사로잡고 북벌에 필요한 군수물자를 마련했다.

제갈량은 마흔일곱이 되던 해에 마침내 두 차례에 걸쳐 출사표를 올리고 북벌에 나섰다. 그러나 십만 대군을 이끌고 사곡을 빠져나와 오장원에서 사마의와 대치하던 중에 누적된 과로와 병으로 병사하고 말았다. 이때 그의 나이 쉰넷이었으니 약 27년간을 유비와 촉을 위해 고군분투한 셈이었다. 그는 임종 직전까지도 후사를 걱정하며 만반의 준비를 갖춘 뒤에야 눈을 감았다. 그야말로 몸과 마음을 다해 죽는 순간까지도 충성을 바쳤다고 할 수 있다.

진수는 제갈량을 "연달아 군사를 동원해 출정했지만 성공을 거두지 못했으니 전략을 구사하는 데는 열등했다"라고 비평하며 북벌의 실패를 지적했지만 이는 공정한 평가라고 할 수 없다. 사실 진수는 제갈량과 일종의 갈등 관계에 있었다. 일찍이 그의 부친이 죄를 지어 제갈량에게 처벌당한 적이 있었고, 그 자신 역시 제갈량의 아들인 제갈첨에게로부터 징계를 받은 적이 있었기 때문이다. 그러니 제갈량에 대한 개인적 편견이 없을 리 만무했다. 그 증거로 송대 사마광은 『자치통감』에서 제갈량에 대한 진수의 평가를 완전히 삭제했다.

평생을 바쳐 충성을 다한 제갈량의 업적은 많은 이들의 본보기가 되고 있다. 그렇다면 그의 초당에 걸려 있는 대련對聯은 어찌된 영문일까?

제갈량은 초당의 대련을 직접 썼는가?

"담백한 마음으로 뜻을 밝히고, 차분한 마음가짐으로 원대한 이상을 이룬다"
라는 말은 오늘날까지도 널리 알려진 문구로 제갈량 평생의 처세관을 요약한
말이기도 하다.

제갈량의 초당에는 아주 유명한 대련이 걸려 있다. 즉 "담백한 마음으로 뜻을 밝히고, 차분한 마음가짐으로 원대한 이상을 이룬다"라는 문구다.

『삼국연의』의 명대 홍치본弘治本에는 유비가 와룡강을 방문할 당시이 대련에 대한 언급이 없다. 대련은 청초 모종강이 엮은 『삼국연의』

고융중古隆中의 삼고당三顧堂

모종강본에서 등장하기 시작한다. 여기서 모종강은 덧붙여 평가하기를 "그 글을 보면 그 사람의 인물 됨됨이를 알 수 있다"라고 했다. 즉 제갈량의 일생을 대련의 문구로 집약했던 것이다.

사실 이 대련의 글은 선진 시대 『문자文子』에서 유래되었으며, 『회남자淮南子. 주술훈主術訓』에도 등장한다. 제갈량은 아들에게 가르침을 전달하기 위해 『계자서誡子書』에 이 글을 인용했는데 다음과 같다.

"군자의 몸가짐이란 고요한 마음으로 몸을 닦고 검소함으로 덕을 기르는 것이다. 마음에 욕심이 없어 담백하지 않으면 뜻을 밝힐 수 없고, 마음이 안정되어 있지 않으면 원대한 이상을 이룰 수 없다. 배울 때는 반드시 마음이 안정되어 있어야 하며, 재능은 반드시 배움을 필요로 한다. 배우지 않으면 재능을 발전시킬 수 없고, 마음이 고요하지 않으면 학문을 성취할 수 없다."

제갈량은 평생 동안 이상적인 포부를 안고 몸과 마음을 다해 충성을 바쳤다. 그는 승상의 자리에 있으면서도 지극히 검소한 생활을 했다. '담백한 마음으로 뜻을 밝히고, 차분한 마음가짐으로 원대한 이상을 이룬다'는 말을 삶의 목표로 삼고 몸소 행동으로 보여주며 후세 사람들의 모범이 된 것이다.

　모종강은『계자서』에 실린 이 글을 대련 형식으로 간략하게 줄여서『삼국연의』에 등장시켰다. 제갈량을 숭배하는 모종강의 세심함이 돋보이는 대목이다. 그 덕분에 이 글귀는 제갈량의 인물 됨됨이를 반증하는 대표적인 문구로 오늘날에도 전해지고 있다.

사마의편

사마의는 어떤 업적을 남겼는가?

뛰어난 책략과 단호한 결단력을 갖췄으며 자신의 재주를 펼칠 기회를 기다릴
줄 알았던 사마의는 대단한 인내심의 소유자였다.

삼국은 뛰어난 지략가들로 넘쳐났다. 그 가운데서도 제갈량은 가장
걸출한 인재였는데, 제갈량과 실력을 겨룰 수 있는 유일한 인물이 있
었다. 바로 사마의였다.

사마의의 일생은 어땠을까? 대대로 권문세족 출신이었던 사마의는
제갈량보다 두 살이 더 많았다. 그는 젊은 시절부터 명성을 날리기 시
작해 조조에게 호감을 얻었다. 조조가 사마의를 책사로 삼으려고 하
자 환관 가문 출신의 조조를 무시하던 사마의는 일부러 중풍에 걸린
척 꾀병을 부렸다. 그러나 훗날 조조의 협박에 못 이겨 조비의 스승으
로 글공부를 가르치다가 다시 군대의 주부로 승진되었다.

초창기 사마의는 눈에 띌 만한 활동이 없었다. 서기 219년, 관우가
번성을 포위 공격했을 때다. 우금이 이끄는 칠군을 물에 빠뜨려 격파

하는 동시에 우금을 생포하고 방덕을 처형하면서 관우는
중원에 그 위용을 크게 떨쳤다. 이에 놀란 조조
가 도읍을 옮기려고 하자 사마의가 나서서 만류
했다. 도읍을 옮기면 군사들과 백성의 마음이
흔들릴 뿐이라고 반대하면서 새로운 계책을
알려주었다. 즉 손권에게 사자를 보내 관우
의 뒤를 치게 하면 저절로 번성의 포위가 풀
릴 것이라는 내용이었다. 조조는 흔쾌히 그 계책
에 따랐고, 마침내 관우가 사로잡혀 죽임을 당하
면서 전세가 역전되었다.

사마의

    사마의는 조비보다 여덟 살이나 많았지만 친밀한 관
계를 유지했다. 그래서 황제로 즉위한 조비는 사마의를 상서복사尚書
僕射로 임명했다가 뒤이어 무군대장군撫軍大將軍에 봉했다. 서기 226년,
임종을 앞둔 조비는 조진, 진군陳群, 조휴曹休, 사마의 등에게 조예를
잘 보좌해 줄 것을 유언으로 남기고 숨졌다. 그 뒤를 위어 명제 조예가
즉위한 뒤 두 달 후에 동오의 제갈근과 장패臧覇가 양양을 공격해왔다.
사마의는 대군을 이끌고 나가 동오군을 격파하고 장패를 참수시키는
대승을 거두었다. 이어서 사마의는 형주와 예주의 군사를 책임지는
도독都督에 임명되는데 이때 그의 나이 마흔여덟이었다.

    다음 해에 신성新城태수 맹달이 반란을 일으키자 사마의는 조정의 허
가를 받지 않고 즉시 병사를 출동시켜 반란을 평정했다. 이는 사마의
의 단호한 결단력을 보여주는 사례이기도 하다.

    그로부터 10여 년이 지나 예순이 되던 해, 사마의는 대군을 이끌고

꾀병을 부리는 사마의

요동 지역 정벌에 나섰다. 오랜 세월 요동을 차지하고 있던 공손연公孫淵을 격파하는 대승을 거두고 돌아왔다.

서기 239년, 서른여섯의 명제 조예는 병이 위중해지자 사마의와 조상에게 당시 겨우 여덟 살이었던 조방曹芳을 부탁하고 숨을 거두었다. 이로써 예순한 살의 사마의는 2대에 걸쳐 황제의 유지를 받는 고명顧命대신이 되었다.

하지만 정권을 장악한 조상이 사마의의 병권을 박탈하면서 사마의는 정치적 핍박을 받기 시작했다. 이때부터 약 10여 년 동안 사마의는 인내심을 발휘하며 자신에게 기회가 오기를 참고 기다렸다.

마침내 일흔이 되던 해에 사마의는 고평릉高平陵 정변을 일으켜 태후의 명의로 조상 등의 관직을 파면시키는 동시에 그의 무리 수천 명을 참살했다. 이때부터 사마씨와 조씨 간의 세력 쟁탈전에서 사마씨가 우위를 차지하게 되었다.

사마의는 제갈량을 어떻게 대했는가?

사마의는 제갈량과 접전을 벌였는데, 제갈량에게 사마의는 최고의 강적이었다.

삼국사에 보면 제갈량은 단 한 번도 직접 군대를 인솔하고 전쟁터로 나가 조조와 접전을 벌인 적이 없다. 유비가 살아 있을 때는 주로 후방의 병참 보급을 책임졌다. 유비가 전쟁터에서 싸우는 동안 후방에서 병력 보충과 군수품을 안정적으로 공급해줬던 것이다. 그리고 유비가 죽고 나서야 제갈량은 전쟁의 일선에 직접 나서게 되었다.

제갈량은 유선이 정권을 이양받은 후 군사를 통괄하기 시작했다. 건흥6년228년, 제갈량은 최초의 북벌을 단행하는데 이때부터 무려 7년에 걸쳐 여섯 차례의 북벌을 시도했다. 『삼국연의』에서는 사마의의 인내심을 부각시키기 위해 일부러 제갈량의 반간계反間計, 상대방의 첩자를 역이용하는 전략를 이용했다. 그리하여 실권을 빼앗긴 사마의가 직접 전투에 나가 제갈량과 정면 승부를 벌이는 계기를 마련했다. 가령 제갈량이 가정 전투에서 패하거나 혹은 공성계로 대승을 거두는 등 두 사람은 주거니 받거니 승전과 패전을 번갈아 했다.

그러나 사실상 촉한과 전쟁을 벌인 위나라의 총지휘관은 대장군 조진이었다. 또한 선봉장으로 나가 가정을 공격한 사람은 장합이었으며, 부근의 열류성을 공격한 이도 곽준霍峻이었다. 사마의는 경성에 머물며 직접 전투에 참여하지 않았다.

사마의와 제갈량이 정면 승부를 벌인 것은 위 태화4년230년에 이르러서였다. 그해 위나라는 대장군 조진을 대사마大司馬로, 표기장군 사마의를 대장군으로 한 대군이 세 갈래 길로 나누어 촉을 공격해왔다. 하지만 연일 쏟아지는 비로 위나라 대군은 회군하게 되었고 결국 제갈량과는 직접적인 접전을 벌이지는 못했다.

태화5년231년, 조진이 병사하자 그 뒤를 이은 사마의가 병사를 이끌고 기산의 제갈량을 공격했다. 『삼국연의』에서는 제갈량이 북벌에 나설 때마다 늘 사마의와 교전을 벌이는데 이는 역사적 사실과 다르다. 사실상 사마의와 제갈량이 직접적으로 교전을 벌인 것은 단 두 차례에 불과했다.

첫 번째는 태화5년즉 건흥9년, 제갈량이 네 번째 북벌을 단행했을 때다. 제갈량의 군대는 상규에서 곽준과 비요의 군사를 격파하고, 동쪽으로는 사마의의 주력 부대를 막았다. 한동안 군영을 지키기만 하던 사마의는 여러 장수들의 요구에 따라 출정했으나 촉한의 위연, 고상, 오반吳班에 대패하고 말았다. 뿐만 아니라 제갈량은 회군하면서 장합을 죽였다.

이때의 역사적 사건을 『삼국연의』에서는 태화3년에서 5년까지의 일로 시간 간격을 벌여놓아 전쟁이 오랜 시간 지속되었다는 느낌을 준다. 대치 기간을 3년으로 늘인 대신 조진과 사마의가 한중을 공격했다가 큰 비에 길이 막혀 회군한 일, 제갈량이 철군하면서 부뚜막 숫자를 늘려 사마의의 추격을 따돌린 일, 제갈량이 농상隴上에서 귀신 분장을 하여 사마의를 농락한 일 등을 삽입했다.

두 번째는 위 청룡2년촉한 건흥12년, 제갈량이 마지막 북벌을 단행하여 사곡을 빠져나와 위수 남쪽의 오장원에 군영을 세웠을 때다. 『진서晉書. 선제기宣帝紀』에는 이렇게 기록하고 있다.

"사마의는 주당周當을 보내 양수陽遂에 주둔케 하여 촉군을 유인했다. 그러나 며칠 동안 제갈량이 움직이지 않자 사마의가 말하기를 '제갈량이 평원平原을 다투고 싶어 하면서 양수로 향하지 않으니 그 뜻을 가히 알 만하구나'라고 했다. 이어서 장군 호준胡遵과 옹주자사 곽회를 보내 양수를 함께 방비하게 했는데, 적석積石에서 제갈량과 맞부딪쳤다. 하지만 이미 평원에서 전투를 치른 제갈량은 더 이상 전진하지 못하고 오장원으로 돌아갔다. 때마침 장성이 제갈량의 진영으로 떨어지는 것을 보고 사마의는 제갈량이 필시 패할 것이라는 사실을 알고 기병을 파견했다. 제갈량의 배후를 공격하여 오백여 명의 수급을 베고 천여 명을 생포했으며 육백여 명이 투항하는 성과를 거두었다. 그로부터 반 년 후 제갈량은 병사하고 말았다."

위에서 보듯이 실제 역사적 사실과 『삼국연의』의 내용은 많이 다르지만 제갈량과 사마의가 직접적인 교전을 치른 것만은 사실이다. 뿐만 아니라 오장원에서는 직접 서신 왕래까지 했다.

『삼국지. 촉서. 제갈량전』에 따르면, 제갈량이 오장원에 군영을 세우고 누차 싸움을 청했으나 위나라 병사가 나오지 않았다. 이에 제갈량은 아녀자들이 쓰는 머릿수건과 흰옷, 서신 한 통을 큰 함 속에 넣고 사마의에게 보냈다. 그러나 사마의는 오히려 제갈공명의 사정을 훤히 꿰뚫은 듯 "제갈량이 식사는 적게 하고 하는 일은 많으니 어찌 오래 지탱하랴?"라고 말했다. 이 말을 전해들은 제갈량은 "그가 나를 깊이 아는도다"라고 탄식했다. 제갈량과 사마의는 그야말로 난형난제의 맞수였던 것이다.

『삼국지』에는 왜 사마의에 관한 전기가 없을까?

사마의의 일대기는 4대에 걸친 조조의 정권과 관련이 있다. 사마의는 위나라
에서 유일하게 제갈량과 대적할 수 있는 인물이었다.

사마의는 그야말로 삼국 시대 최고의 전략가이자 책략가로 눈부신 삶을 살았다. 하지만 조조가 살아 있는 동안에는 좀처럼 중용되지 못했다. 어쩌면 당시 조조 수하에 수많은 인재가 운집해 있었기 때문일 수도 있고, 사마의의 출세 운이 그리 좋지 않았을 수도 있다. 아니, 그보다는 애당초 조조가 벼슬을 주려고 했을 때 사마의가 일부러 꾀병을 부리며 거절한 일이 조조에게 앙금으로 남아 있었기 때문인지 모른다. 혹은 대대로 권문세가 출신인 데다 뛰어난 지략이 있는 사마의에게 조조의 질투심이 작동했기 때문인지도 모른다. 혹자는 조조가 "사마의는 날래고 탐욕스러운 자라 절대로 병권을 줘서는 안 된다. 틀림없이 국가의 화근이 될 것이다"라고 말하며 평소 경계했다고 전한다.

사마의

그렇다면 진수의『삼국지』에는 왜 사마의에 관한 전기가 없을까? 여기에는

특별한 이유가 있음이 틀림없다.

　사마의의 일생은 4대에 걸친 조조의 정권과 깊은 관련이 있다. 맨 처음 사마의는 순욱의 천거로 조조의 문학연文學掾이 되었다가 다시 주부가 되었다. 관우가 번성을 공격했을 때는 손권과 연락을 취해 번성을 포위하고 있던 관우를 공격하게 함으로써 곤경에서 벗어나도록 도와줬다. 또한 조비가 문제로 즉위한 뒤에는 무군대장군으로 임명되었으며, 훗날 조진 등과 함께 고명대신이 되어 조예를 보필했다. 그리고 명제가 병으로 임종을 앞두었을 때는 조상과 함께 여덟 살의 조방을 보좌해달라는 유지를 받들었다.

　고평릉 정변을 통해 사마씨는 조씨 세력을 무너뜨리고 본격적으로 위나라의 정권을 장악하게 되었다. 사마의가 일흔 살의 나이로 병사하자 그의 아들 사마사司馬師와 사마소司馬昭가 정권을 차지했다. 그리고 사마의가 죽고 난 뒤 12년이 지난 서기 263년, 그의 손자 사마염司馬炎이 삼국을 통일하고 진나라를 세우면서 새로운 왕조가 탄생했다. 진나라의 개국 황제는 사마염이었지만 나라의 기틀을 다진 것은 사마의와 그의 두 아들이었다.

　진수는 삼국 시대 촉나라 출신이지만 그가 활동한 시대는 진대였다. 『삼국지』를 저술할 당시 수많은 등장인물들이 사마의 부자와 깊은 관련이 있었지만 피휘避諱, 옛날에 말과 글에서 왕이나 웃어른의 이름 혹은 이름에 사용된 글자를 피함로 말미암아 그들의 이름을 직접 기재할 수가 없었다. 그리하여 『삼국지』에서는 사마 부자를 가리켜 '사마선왕司馬宣王', '사마문왕

사마사

司馬文王'이라는 특별 호칭을 사용하여 표기했다.

그렇다면 사마의가 주요 인물임에도 『삼국지』에 그의 개인 전기가 실리지 않은 이유를 쉽게 납득할 수 있다. 진대에는 이미 개국황제의 할아버지로 지위가 급상승했기 때문에 '정사正史'의 규정에 따라 사마의전은 『진서』에서 다뤄야 할 사안이었기 때문이다.

노숙편

적벽대전에서 손권과 유비의 연합을 제안한 사람은?

적벽대전에서 손권과 유비가 연합하여 조조에 맞선 것은 제갈량 덕분이었을까?

적벽대전에서 유비와 손권은 서로 연합하여 조조와 맞서 싸웠다. 그렇다면 맨 처음 연합을 제안하고 이를 실천으로 옮긴 사람은 누구였을까?

나관중은 『삼국연의』에서 유비와 손권의 연합을 이끌어낸 주인공으로 제갈량을 내세웠다. 특히 제갈량이 장소, 고옹 등 오나라의 군신들을 찾아가 연합 작전의 당위성에 대해 설명하며 설전을 벌이는 장면은 절로 감탄사가 나올 만큼 생생하게 묘사되어 있다. 제갈량은 기세등등한 오나라 군신들에게 에워싸인 채 공격적이고 날카로운 질문과 반박 공세 속에서 조금도 위축되지 않고 변론을 펼친 끝에 마침내 그들을 성공적으로 설득시켰다. 그러나 이는 역사적 사실이 아닌 허구다. 나관중은 순전히 제갈량이라는 인물의 천재성을 부각시키기 위해 특별히 이 장면을 삽입했던 것이다.

동시에 나관중은 실제 역사적 사실을 배경으로 깔아놓는 치밀함도 보

명대 그림 〈산을 빠져 나오는 제갈량〉

였다. 바로 제갈량에 앞서 노숙이 당양의 장판長
坂에서 유비에게 연합을 제의했던 일화다.
이는 틀림없는 역사적 사실이었지만 나관
중은 노숙에 관한 이야기는 대충 생략한 채
제갈량만을 중점적으로 조명했다.

노숙

다시 말해서, 유비와 손권의 연합작전을
맨 처음 제의한 사람은 제갈량이 아닌 노숙이었다.
『삼국지』의 「유비전」과 「제갈량전」에서는 제갈
량이 손권을 찾아가 연합작전을 제안하는 내용
이 기록되어 있다. 진수는 『삼국지』의 「노숙전
魯肅傳」에서 노숙이 유비를 찾아가 연합작전을 벌
여 조조에게 항거해야 한다며 설득했던 일화를 비교적 상세하게 기록
하고 있다. 당시 당양 장판에서 대패하고 막다른 골목에 몰렸던 유비
는 노숙의 제안에 흔쾌히 수락했다. 곧장 하구夏口로 이동한 뒤 제갈량
을 파견하여 노숙과 함께 동오로 가도록 했다.

하지만 진수의 『삼국지』는 위소의 『오서』를 참고한 까닭에 내용상
불일치하는 부분이 있다. 배송지 역시 이를 지적하며 자신의 관점을
피력하기를 "유비와 손권이 함께 연합하여 조조에게 항거한 것은 모
두가 노숙의 공이었다"라고 기록했다.

삼국 시대는 크고 작은 전투가 끊임없이 일어났으며, 나라마다 편중
된 관점에서 역사를 기술했다. 특히 적벽대전과 같이 막대한 영향력
을 미친 중대 사건에 대한 기록은 나라마다 큰 차이를 보인다. 이렇듯
각기 저촉되는 기록에 대해 진수는 최대한 중립적인 입장을 유지하고

자 노력했으며, 배송지 역시 최대한 공정한 관점에서 나름대로의 결론을 내렸다.

노숙은 문관이었나, 아니면 무장이었나?

소설 속의 노숙은 주로 중요 인물을 부각시키는 배경 인물에 지나지 않았다.
그러나 실제 역사 속의 노숙은 뛰어난 지략과 식견을 갖춘 비범한 인재였다.

일반적으로 우리에게 가장 널리 알려진 노숙의 이미지는 먹물 냄새가 물씬 풍기는 전형적인 책사다. 경극에 출현하는 노숙의 모습 역시 문관 복장을 하고 있다. 그렇다면 노숙은 정말로 문관 출신이었을까?

진수의 『삼국지. 오서. 노숙전』에는 노숙이 평생 동안 거쳐 온 관직을 비교적 상세하게 기록하고 있는데 대충 정리하면 다음과 같다.

서기 200년 주유가 노숙을 손권에게 추천한다. 노숙은 손권을 보자마자 천하가 삼분될 것이라며 전반적인 세력 형세를 설명해준다. 손권은 노숙을 찬군교위贊軍校尉, 총참모로 임명하여 적벽대전을 치르는 동안 주유를 보좌하도록 한다.

주유가 병사하자 손권은 노숙을 분무교위奮武校尉로 임명한다. 주유 수하의 4천여 명의 병사와 봉읍 4개 현을 노숙이 관할하게 된다. 노숙은 강릉에 주둔하고 있다가 후에 손권이 강릉을 유비에게 빌려주게 되자 육구로 주둔지를 옮긴다.

노숙의 수하 병사가 1만여 명으로 늘어나고 한창漢昌태수, 편장군으로 임명된다.

서기 214년 손권이 환성을 정벌할 때 노숙은 황강黃江장군으로 임명된다.

서기 215년 손권과 유비의 연합전선이 붕괴될 즈음 노숙은 담판을 짓기 위해 관우를 초청한다.

서기 217년 향년 마흔여섯의 나이로 죽는다.

진수는『삼국지. 오서. 노숙전』에서 노숙의 지략과 담략을 부각시켰다. 하지만 전반적으로 간략하게 기록한 탓에 노숙의 또 다른 일면을 간과했다. 사실 노숙은 지략이 뛰어난 책사일 뿐만 아니라 호탕하고 강인한 무장의 면모를 갖추고 있었다.

배송지가『삼국지. 오서. 노숙전』에 주석을 달면서 인용한『오서』에는 "노숙은 체구가 거대하고 훤칠했으며 젊은 시절부터 혈기가 넘쳐흐르고 기발한 전략이 탁월했다. 천하가 혼란해지자 검술과 말 타기, 활쏘기를 배우며 청년들을 모아 무술을 가르쳤다"라고 기술하고 있다. 또한『오서』에는 다음과 같은 기록이 남아 있다. "노숙이 삼백여 명의 의병을 이끌고 고향을 떠나려 하자 주州의 관리가 기병을 파견해 추격해왔다. 이때 노숙은 직접 후방을 지키며 추격해 온 관병들에게 돌아갈 것을 설득했다. 또한 스스로 방패를 세우고 활을 쏘자 화살이 그대로 방패를 관통했다. 이를 본 추격병들은 스스로 물러났다."

여기서 보듯이 노숙은 담략과 지략을 겸비한 데다 뛰어난 무공의 소유자였음을 알 수 있다. 즉 노숙은 문무를 겸비한 인재로 지략과 용맹성을 갖춘 탁월한 인재였던 것이다. 손권 역시 노숙의 뛰어난 인재성을 지나치지 않았다. 손권은 노숙을 동한 시대의 개국공신이었던 등우鄧禹와 자주 비교하며 군대를 인솔하고 지방행정을 관리하는 능력이 뛰어나다고 칭찬했다.

당초 손권과 노숙은 첫 대면에서부터 서로 호흡이 잘 맞았으며, 노숙은 동오를 위해 18년 동안 충성을 다했다. 손권의 입장에서는 그러한 노숙이 참으로 감사했을 것이다.

손권은 노숙을 어떻게 대했는가?

노숙은 손권을 처음 만나는 자리에서 조조에게 항거하고 제업을 쌓는 방책에 대해 일목요연하게 설명했다. 이에 탄복한 손권은 노숙을 동한 시대 개국공신 등우에 비교하며 아끼고 사랑했다.

노숙은 주유의 추천으로 손권과 만날 수 있었다. 노숙보다 열 살이 어렸던 손권은 당시 스무 살이 채 되지 않은 젊은이였다. 『삼국지. 오서. 노숙전』에 따르면 노숙을 처음 만났을 당시 손권은 노숙에게 이렇게 물었다.

"현재 한 왕실은 점차 기울어지면서 위험한 상태에 놓여 있고, 천하는 사방에서 구름이 일어난 것처럼 소란하기만 하오. 나는 아버지와 형이 남긴 기업을 계승하여 제 환공桓公과 진 문공文公처럼 제업을 이루려고 생각하고 있소. 그대는 이렇듯 은혜를 베풀어 나를 도와주려고 찾아왔는데 앞으로 어떻게 나를 보좌할 것이오?"

이에 노숙은 다음과 같이 대답했다. "제 생각에 한 왕실은 다시 일어날 수 없고 조조는 빠른 시일 내에 제거할 수 없습니다. 장군이 취할 수 있는 전략은 오로지 강동 지역을 차지한 뒤 천하의 변화를 살피는 것입니다. 군사의 규모를 이와 같이 유지하면 조조의 의혹을 초래하지 않을 것입니다. 이는 무엇 때문이겠습니까? 북방에는 현재 힘 써야 할 일이 많기 때문입니다. 이때를 이용해 황조를 소멸시키고 나아가 유표를 정벌하여 장강 유역을 차지한 뒤 제왕에 즉위하고 천하통일을 꾀하십시오. 이것이 바로 한 고제高帝에 버금가는 장군의 대업이 될 것입니다."

당시 노숙은 서른 살에 불과했다. 손권을 측근에서 보좌하던 장소는 노숙을 업신여기며 "나이가 어리고 서툴러서 기용해서는 안 된다"라고 수차례 간언했지만 손권은 개의치 않고 노숙을 극진히 대했다.

그 후 조조가 대군을 이끌고 남하하자 손권은 여러 장수들과 대처 방안을 논의했다. 이때 모두들 조조에게 투항하고 그를 영접하라고 권했지만 노숙만 홀로 말을 아꼈다. 손권이 일어나 옷을 갈아입으려고 나가자 그제야 노숙이 뒤쫓아와 이렇게 말했다.

"아까 장수들이 논의하는 것을 살펴보니 한결같이 장군의 앞날을 그르치게 하는 말들뿐이어서 더불어 대사를 도모할 수 없습니다. 원컨대 대계大計를 일찍 정하시고 저 사람들의 의견은 무시하십시오." 이에 손권이 탄식하며 "저 사람들의 의견은 나를 크게 실망시켰소. 지금 그대가 내가 나아갈 길을 알려주고 큰 계획을 세워주니 이야말로 내가 원하던 바요. 하늘이 경을 나에게 내려준 이유가 이 때문인 듯하오"라고 말했다.

노숙은 손권의 운명이 좌지우지되는 중요한 순간마다 손권과 의견을 같이 하며 든든한 지원자가 되었다. 그래서 손권에게 절대적인 총애를 받았고, 그의 지위는 동한 시대 광무제光武帝를 보좌하여 제업을 일으킨 등우와도 같았다.

노숙을 등우에 비교한 것은 손권 자신이었다. 『삼국지. 오서. 여범전呂範傳』에 따르면, 훗날 손권이 건업建業으로 수도를 옮기고 문무백관을 불러 연회를 베풀었을 때다. 손권은 엄준에게 말하기를 "나는 옛날에 노숙의 재능을 찬탄하며 등우에 비교했고, 여범을 오한吳漢에 견주었는데. …… 노숙은 영민하고 호탕하며 탁월한 지략을 갖고 있었소. 과인의 말 한마디만 들어도 십년대계를 세우니 이는 등우와 흡사하기에 노숙을 등우에 비유한 것이오"라고 했다.

이처럼 손권은 노숙을 들먹일 때마다 등우에 비유했다. 특히 『삼국지. 오서. 여몽전』에 따르면, 손권은 육손과 함께 주유, 노숙, 여몽 세 사람을 논한 적이 있었다. 이때 그는 노숙의 장점과 단점을 언급했는데 다음과 같다.

"나는 노숙과 연회 석상에서 담소를 하게 되었는데, 그는 곧장 정사의 핵심과 제왕의 업적에 관해 언급했었소. 이것이 첫 번째로 기뻤던 일이오. 이후에 조조가 남하할 때 나는 각 장수들을 두루 불러서 적당한 대책을 물었으나 누구나 만족스러운 의견을 내놓는 이가 없었소. 장소나 진송이 마땅히 사자를 보내 격문을 받들고 조조를 맞아야한다고 했을 때 노숙은 불가능한 일이라고 반박했소. 그리고 주유에게 대군 통솔을 위임하여 적을 역으로 공격하게 하라고 나에게 권유했소. 이것이 두 번째로 통쾌했던 점이오. 그의 계책은 장의張儀나 소진蘇秦을 뛰어넘는 것이었소. 후에 나로 하여금 유비에게 토지를 빌려주도록 했던 것은 그의 한 가지 실수였지만 앞서 두 가지 장점이 이를 상쇄

하고도 남지요. 그래서 나는 그의 단점을 잊고 장점을 귀하게 여기면서 항상 등우에 견주려고 했소."

노숙이 손권에게 형주 땅을 유비에게 빌려주라고 권한 일이 정말로 '단점'이었는지는 어디까지나 손권의 의견이었다. 노숙을 계승한 여몽은 형주를 빼앗아야 한다고 노숙과 정반대되는 주장을 펼쳤는데 이는 손권의 의견과 일치했다.

장송을 대하는 유비와 조조의 태도는 어떻게 달랐을까?

유비가 촉 땅을 차지한 것은 그의 인생에서 가장 중요한 전환기였다. 바로 이때 그의 운명을 쥐락펴락할 수 있는 중요 인물이 나타났는데 바로 장송張松이었다.

『삼국연의』속의 유비는 매우 신의가 두텁고 지략이 뛰어나며 융통성 있는 처세술의 대가로 현자를 중히 여기는 전형적인 영웅 캐릭터였다.

실제 역사상의 유비는 어땠을까? 진수는 유비를 "관대하고 지식인 들을 숭상했으며 한 고조 유방의 기질을 지닌 영웅의 그릇이었다"라고 평가했다.

유비는 출신 가문이 미천하여 어린 시절부터 어머니를 따라 돗자리와 짚신을 팔러 다녔지만, 원대한 포부를 갖고서 온갖 역경을 견딘 끝에 마침내 황제의 자리에 오른 입지전적立志傳的인 인물이었다.

『삼국연의』제60회에서 유비는 조조와 자신을 이렇게 비교했다. "지금 나와 마치 물과 불처럼 상극을 이루는 이가 바로 조조요. 조조가 조급하게 굴면 나는 느긋하게 여유를 부릴 것이고, 조조가 사납게 대하면 나는 어질게 대하며 관용을 베풀 것이며, 조조가 간교한 술수를 부리면 나는 충직한 신의信義를 보일 것이오. 이렇듯 매사에 조조와 정반대로 행동한다면 대사를 이룰 수 있을 것이오."

유비와 조조의 상반된 처세 태도를 극명하게 보여주는 예가 있다. 바로 촉 땅 유장의 수하였던 장송이었다. 당시 장송은 조조와 유비 두 사람 모두에게 전략적으로 매우 중요한 익주지금의 쓰촨 지역 지도를 가지고 있었다. 장송은 지도를 바치는 과정에서 조조와 유비를 모두 찾아갔는데, 여기에서 두 사람의 확연히 다른 처세술을 비교할 수 있다.

장송은 먼저 조조를 찾아갔다. 본시 무슨 책이든 한 번 읽고 나면 순식간에 암기해버리는 뛰어난 재주가 있었던 장송은 하룻밤 사이에 조조가 쓴 병서 10여 편을 줄줄이 외워버리는 놀라운 솜씨를 과시했다. 하지만 당시 마초와의 전쟁에서 승리를 거두고 잔뜩 자만심에 빠져 있던 조조는 '툭 튀어나온 이마에 볼썽사나운 뻐드렁니, 그리고 작달막한 키에 종을 깨는 듯한 요란한 목소리'로 특징지을 수 있는 장송의 볼품없는 외모만 보고 그를 홀대했다. 게다가 장송이 거침없는 언변으로 자신을 비꼬기까지 하자 급기야는 곤장을 쳐서 내쫓고 말았다.

그러자 장송은 유비를 찾아갔다. 이때 유비는 먼저 조운과 관우를 보내 장송을 마중 나왔을 뿐만 아니라 공손한 태도로 극진하게 대접했다. 유비는 사흘 연속 연회를 베풀면서도 지도에 관한 이야기는 일절 꺼내지 않았다. 장송이 익주 지역을 정벌

유비

하라고 연신 권했지만 유비는 인의仁義의 도를 베풀어야 한다며 한사코 사양한 뒤 장송을 배웅했다. 이에 크게 감격한 장송은 자발적으로 익주 지도를 유비에게 바쳤다. 나관중은 인물들의 대화를 통해서 신의와 인仁의 정치를 베푸는 유비를 부각시키려고 애썼다. 하지만 오늘날 독자들은 이 대목에서 유비의 위선적인 모습만을 보게 된다. 전략적으로 매우 필요한 지도임에도 겉으로는 단 한 마디 내비치지 않고 장송이 자발적으로 지도를 바치도록 유도했지 않은가! 물론 여기서 우리는 유비가 지도보다 장송의 마음

유장

을 얻기 위해 노력했다는 점을 무시할 수 없다. 이 역시 유비의 뛰어난 처세술 가운데 하나이지 않을까?

역사서에는 장송에 대한 자세한 기록이 없다. 다만 『삼국연의. 촉서』의 「유장전劉璋傳」, 「선주전」, 「법정전」과 배송지가 인용했던 『한진춘추漢晉春秋』, 『오서』 등의 사료에 조조와 법정, 유비가 만나는 장면에서 잠시 등장할 따름이다.

법정의 표현을 빌리자면 장송은 '익주의 고굉지신股肱之臣, 임금이 가장 믿고 중히 여기는 신하'이었다. 장송과 법정은 둘 다 익주목益州牧이었던 유장의 무능력함에 불만이 많았고 탄식을 금하지 못했다. 장송의 형 장숙張肅은 동생과 달리 훤칠하고 풍채가 좋아 일찍이 조조로부터 광한廣漢태수로 임명되었다. 그래서 장송은 조조의 수하로 들어가면 태수직이나 다른 지방관직을 얻을 수 있으리라 기대했다. 그러나 뜻밖에도 형주

를 점령하고 잔뜩 기고만장해져 있던 조조에게 홀대를 받고 발걸음을 돌려야 했다.

조조가 장송을 홀대한 것은 일생일대의 대실수였다. 장송을 수하로 거두었다면 익주 땅을 얻는 것은 물론이거니와 오나라의 손권 세력을 무력화시킬 절호의 기회였으며, 한 걸음 더 나아가 천하가 삼분되는 일도 없었을 것이다. 이에 대해 습착치習鑿齒는『한진춘추』에서 다음과 같이 평가했다.

"옛날 제 환공이 자신의 공적을 믿고 자만심을 부리자 제후국 아홉 나라가 반란을 일으켰고, 조조가 성공적인 형주 정벌로 교만에 빠지자 천하가 삼분으로 나눠졌다. 둘 다 수십 년의 고생과 근신 끝에 성공을 거두었으나 한순간의 자만심으로 모두 잃고 말았으니 어찌 애석치 않으리오. 이에 군자는 조조가 천하를 통일할 수 없음을 알아챘던 것이다."

법정

송宋대 사학자 사마광 역시 습착치의 평가를『자치통감』에 그대로 실었던 점으로 미뤄보아 깊이 유념할 만한 교훈임에 틀림없다.

익주로 되돌아온 장송은 유장에게 유비의 힘을 빌려 한중의 장로를 공격하도록 권하면서 세 가지 이유를 내세웠다. 첫째로 유장과 유비는 종친 관계이며, 둘째는 유비가 조조와 불구대천의 원수지간이고, 셋째는 유비가 용병술에 능하기 때문이었다. 이에 유장은 유비를 익주로 불러들였다.

『삼국연의』에서 장송의 일화는 배송지가 『삼국지. 촉서. 선주전』에 주석을 달면서 인용한 『오서』를 근거로 하지만, 사실 이는 잘못된 기록이다. 설사 지도를 바친 일이 있었다 해도 법정이 즉석에서 지도를 그려줬을 것이며, 장송과는 전혀 무관한 일이었다. 당시 장송은 강릉에서 조조를 기다렸으며 조조가 적벽대전에서 패배한 뒤 강릉으로 돌아오고 나서야 성도로 되돌아갔다. 그리고 당시 유비는 강릉을 공격하고 강남의 네 개 군을 정벌하느라 전쟁터를 분주히 오고 갔기에 장송을 만날 시간적 여유가 없었다.

즉 『삼국연의』에서는 유비가 익주로 입성할 필요성이 있었기 때문에 특별히 장송이라는 인물을 매개체로 삼았던 것이다. 유비가 익주를 차지한 것은 그의 인생에서 가장 중요한 전환점이 되었다. 익주를 차지하고 나서야 천하를 삼분할 수 있었기 때문이다. 바로 제갈량이 '융중책'에서 "익주는 지리적 요새인 데다 비옥한 옥토가 천리에 깔려 있는 지역으로 고조가 익주를 얻는다면 훗날 제업을 이룰 수 있을 것이다"라고 말한 대로였다.

유비는 제갈량을 얻고서 물 만난 고기처럼 새 생명을 얻었다. 그리고 장송과 법정의 도움으로 익주를 얻은 덕분에 작은 연못 속에서 벗어나 망망대해로 나아갈 수 있었다.

장간편

장간의 생김새와 재능은 어땠는가?

경극에 등장하는 장간은 『삼국연의』에 나오는 장간의 이미지를 그대로 답습
했다. 그러나 이는 실제 역사적 인물과는 큰 차이가 있다. 우리는 역사적 사료
를 근거로 장간의 진정한 모습을 복원해야 할 필요가 있다.

희극 무대에 등장하는 장간은 코에 흰색 분칠을 하고 괴상망측한 목소
리를 내는 어릿광대다. 『삼국연의』에 따르면 장간은 조조의 막빈幕賓,
비밀회의에 참가하는 참모나 고문이었다. 그는 적벽대전 전에 두 차례 걸쳐 강
동 지역으로 가서 주유를 회유했다. 장간은 외모가 추한 데다 어리석
고 둔했다. 장간의 목적을 훤히 꿰뚫고 있던 주유는 이를 역이용했다.
즉 조조의 수군 도독이었던 채모와 장윤이 주유와 내통한 것처럼 연극
을 꾸몄던 것이다. 감쪽같이 속아 넘어간 장간은 황급히 조조에게 돌
아가 내통 사실을 알렸다. 이에 조조는 애꿎은 채모와 장윤을 처형했
고, 결국 수전에 능했던 장수 두 명을 잃고 말았다.
역사적 기록에 따르면 실제로 장간이 주유를 만나러 간 것은 적벽대

전이 일어난 다음 해209년였다. 뿐만 아니라 장간은 외모가 반듯하고 훤칠했으며 재능이 뛰어난 인재로 강회江淮 지역에서는 그와 겨룰 만한 사람이 없을 정도였다. 「강표전」에도 "장간은 용모가 반듯하고 언변이 뛰어나서 강회 지역에서는 독보적인 존재로 그와 겨룰 만한 이가 없었다"라고 기록하고 있다.

조조의 명령을 받은 장간은 사복으로 갈아입고 개인적인 용건으로 주유를 찾아가는 척 꾸몄다. 그러나 주유는 모든 것을 꿰뚫어 본 듯 장간을 보자마자 단도직입적으로 말했다. "먼 길을 걸어 이곳까지 찾아오느라 고생 많았네. 조조를 대신해 나를 회유하러 온 건가?" 이에 재치 있고 말재주가 뛰어난 장간은 태연스레 대답했다. "나와 그대는 고향친구가 아니던가? 오랫동안 자네를 만나지 못했지만 그동안 뛰어난 공적을 세운 자네 소문은 많이 들었다네. 그래서 특별히 자네와 회포도 풀 겸 이곳 군영도 구경할 겸해서 찾아왔네."

이에 주유는 장간을 데리고 군영 내의 이곳저곳을 두루 구경시켜 준 뒤 이렇게 말했다. "사내대장부로 이 세상에 태어나서 자신을 알아주는 주군을 만나 한마음 한뜻이 되어 이 한 목숨을 다 할 수 있다면 난 그것으로 만족하네. 세치 혀로 천하를 움직일 수 있다던 소진과 장의 같은 유세객들이 다시 살아나서 나를 설득한다 해도 소용없는 것을 하물며 한갓 자네와 같은 서생의 말에 내가 귀를 기울이겠는

장간

236

가?"

　주유를 회유할 수 없음을 깨달은 장간은 그대로 조조에게 돌아와 주유의 도량과 인품을 칭찬했다. 여기서 보듯이 장간은 비록 자신의 사명을 완수하지 못했지만 지식인의 기품을 잃지 않고 넓은 도량을 보여주었다.

　상술한 장간과 주유의 만남은 「강표전」에 기록되어 있다. 「강표전」에는 동오의 여러 인물들의 기록이 비교적 다채롭게 남아 있다. 장간이라는 인물의 실제 면모를 비교적 정확하게 기록하고 있는 자료도 「강표전」이 유일하다.

감택은 정말로 거짓 항서를 바쳤는가?

「강표전」에는 황개가 거짓 항서를 조조에게 바치는 내용이 기록되어 있다. 이 역시 적벽대전의 일환으로 결코 지나칠 수 없는 중요한 일화다. 황개의 거짓 항서를 직접 갖다준 인물은 명확하게 기록되어 있지 않음에도 불구하고 오늘날까지 우리에겐 감택이 그 주인공으로 알려져 있다.

『삼국연의』의 적벽대전은 역사상 가장 중요한 전투로 『삼국지』의 『위서. 무제기』, 『오서. 주유전』, 『촉서. 선주전』에도 모두 언급된다. 하지만 이렇듯 중요한 역사적 사건임에도 불구하고 이를 체계적으로 기록해놓은 역사서는 없다. 저마다 내용이 들쭉날쭉하거나 서로 저촉되는 내용도 많다. 그래서 오늘날까지도 정확한 전투 지점, 전투에 참가한 장수 이름, 전투에 참여한 군사의 규모나 포로, 전사자의 숫자조차 명확하게 밝혀지지 않고 있다.

　『삼국연의』 속의 적벽대전은 고육계苦肉計, 거짓 항서, 연환계連環計 등 파란만장한 사건이 가득하지만 사실은 모두 허구다. 오직 거짓 항

서만이 역사서에 기록이 남아 있
는 참된 사실이다.

『삼국지. 오서. 주유전』에서
인용한「강표전」에는 황개가 사
람을 시켜 조조에게 거짓 항서를
보내는 내용이 기록되어 있다.

"조조는 말하기를 '네가 나를
속이는 게 아닐까 의심스럽다.
그러나 만일 이 항서가 사실이라
면 너에게 상으로 관작을 내려줄
것이다'라고 했다."

하지만 편지를 전한 사람의 성
명은 밝혀져 있지 않다. 대신『삼
국연의』에서는 한 번 읽은 글을

감택

그대로 암기해버리는 재주를 지닌 감택을 등장시켰다.

사실 당시 감택은 조상 대대로 농사를 짓는 농부였다.『삼국지. 오
서. 감택전闞澤傳』에는 "감택은 학문을 좋아했지만 빈곤하여 학비가 없
었으므로 항상 다른 사람을 위해 책을 베끼는 일을 하면서 내용 전체를
암송했다. 그는 스승을 좇아 토론하고 연구했으며 많은 서적을 두루 열
람하고 동시에 역법과 천문에도 통달하여 점차 명성을 날리기 시작했
다. 이후 감택은 전당錢唐의 현장縣長으로 임명되었다가 다시 침현郴縣의
현령으로 승진되었다. 손권이 표기장군에 오르자 감택을 초빙하여 서
조연西曹椽을 돕도록 했다. 이후 황제로 즉위한 뒤에 손권은 감택을 상

서로 삼았다"라고 기록되어 있다.

　『삼국연의』에서는 감택이 조조에게 거짓 항서를 바치는 장면을 생생하게 묘사했으며, 감택의 직책을 '참모'라고 칭했다. 그러나 실상 삼국 시대에는 '참모'라는 관직 자체가 존재하지 않았다. '참모'는 이후 당唐대 중엽에 이르러서야 생겨난 관직이었던 것이다.

〈 『삼국연의』와 『삼국지』 3대 전투 참전병 숫자 대조 〉

전투 명칭	『삼국연의』	『삼국지』	비고
관도 전투	원소군 70여만 명	원소군 12만 명기병 1만 8천 명, 조조군 10여만 명	기주와 4개 주를 지키던 병사를 제외하고, 전투에 패해 죽은 원소군 병사가 8만 명에 달했음
적벽대전	조조군 7만 명	조조가 말하기를 "오늘 수군 80여만 명을 거느리다"라고 말했지만 이는 명확하지 않다. 조조군이 당양 장판에서 유비를 추격할 때 병사 수가 5천 명이었다. 주유군 3만 명, 유비군 2만 명	조조군은 20여만 명에 달했음
이릉 전투	유비군 100만 명	유비군 8만 명, 그 가운데 선봉대는 4만 명, 육손의 선봉대는 5만 명, 그 밖에 제갈근이 강릉에서 이끌던 제2군과 손권이 무창武昌에서 이끌던 제3군이 있었다.	당시 촉한의 총 병력은 156만 명이었음

삼국의 지식인들

손권은 자주 신하들을 평가했는데 당시 대표적인 지식인이자 원로였던 장소, 고옹도 예외가 아니었다. 삼국의 지도자들은 학문을 매우 중시했는데 지식인을 대하는 태도는 어땠을까?

삼국 시대는 비록 군웅이 할거하고 전쟁이 끊이지 않던 난세였지만 수많은 지식인들로 넘쳐났다. 예컨대 노식盧植, 정강성鄭康成, 사마휘司馬徽, 송충宋忠 등이 당시 활동하던 지식인이었다. 진수의 『삼국지』는 당대 최고의 지식인이었던 관녕管寧, 왕렬王烈, 종요, 왕랑 부자, 초주譙周, 장소, 엄준, 감택, 우번 등의 전기를 따로 기록했다.

『삼국연의』에도 이들 대학자를 언급하고 있다. 그러나 이들의 등장은 주옥같은 문장력이나 학식 때문이 아니라 정치적 권모술수나 모략 때문이었으며, 그나마도 조연급이나 엑스트라급에 불과했다.

왕랑

『삼국지』에서 장소는 위풍당당한 대학자이자 손책이 가장 신뢰하는 대신이었다. 그가 손책의 유지를 받든 고명대신인 까닭에, 손권은 그를 깍듯이 대우하였고 존경을 표했다. 손권과는 나이 차가 많아 세대 차이도 있었지만 매우 원만한 관계를 유지했다.

왕랑은 위나라의 대들보 역할을 하던 대신이

었다. 조비는 황제로 즉위한 뒤 주로 왕랑과 화흠, 종요 세 사람에게 의지하며 정사를 처리했다. 『삼국지. 위서. 종요전鍾繇傳』에 따르면, 조비는 언젠가 조회를 마친 자리에서 좌우를 돌아보며 말하기를 "저들 삼공三公은 이 시대의 위인이니 아마 후세에도 저들을 따를 자가 없을 것이다"라고 했다.

초주는 학식이 깊은 대학자로 주로 학술 활동에 전념했는데, 촉나라의 학교 교육을 주관한 수장이었다. 『삼국지』의 작가 진수가 바로 그의 제자였다.

삼국 시대는 혼란한 시대였던 만큼 학문에 열중하기가 어려웠고 저술 활동도 마찬가지로 힘들었다. 그러나 장소는 『춘추좌씨전해春秋左氏傳解』, 『논어주論語注』를 지었고, 왕랑은 『효경孝經』주석본과 『주관周官』을 지었다. 또한 왕숙王肅이 주석을 단 『상서尚書』, 『시경』, 『논어』, 『삼례三禮』, 『좌전左傳』춘추좌씨전이라고도 함 등은 당시 교육기관에서 정규 교과서로 사용되었다. 초주 역시 『오경론五經論』, 『고사고古史考』 등을 저술했다.

하지만 나관중은 이러한 지식인들을 하찮게 여겼다. 『삼국연의』 속의 장소는 조조에게 투항해 그를 맞이해야 한다고 주장한 투항파의 대표였으며, 왕랑은 제갈량에게 한바탕 욕을 먹고 격분해서 죽은 백발의 필부였으며, 초주는 유비에게 투항하라고 유장에게 권하고 훗날에는 유선

초주

고옹

에게 위나라에 투항하도록 권유한 최고의 매국노
였다. 물론 이는 순전히 소설 속의 이야기일 뿐이
며, 실제로 유장이 유비에게 투항할 당시 초주
는 열네 살의 소년이었다.

『삼국연의』에서는 학식이 깊은 지식인들
을 중시하지 않았을 뿐만 아니라 오히려 부
정적으로 묘사했다. 『삼국연의』에 필요한
인물은 천 리 밖에서 일어나는 일도 훤히 꿰
뚫어 볼 수 있는 가후, 유엽, 노숙, 제갈량과 같
은 이들이었다.

4장

저술에 바탕이 된
사료들

삼국지 이야기를 저술할 때 참고했던 역사서와 전기, 이를 집필한 저자, 시대적 배경,
삼국사가 전개되었던 지리적 위치, 가공된 인물 등 다방면에서 수집된 자료들을 분석
해 봄으로써 삼국 역사와 문화의 밀접한 연관성을 실감할 수 있다.

삼국지의 지리적 배경

많은 사람이 『삼국연의』의 등장인물과 이야기에는 익숙하면서도 그와 관련된 지리적 내용에 대해서는 잘 모른다. 예를 들어 유비는 왜 '유예주劉豫州'라고 불리는 걸까? 조조가 거느리던 청주군靑州軍의 청주는 어디를 가리키는 것일까? 또한 형주가 치열한 쟁탈전의 거점이 된 이유는 무엇일까?

『삼국연의』에 등장하는 인물의 활동과 이야기는 지리적 배경을 떠나서 결코 논의될 수가 없다. 예컨대, 유비는 탁군에서 태어나 하밀下密, 고당高唐, 평원 등에서 지방관을 지냈다. 훗날 하비, 소패小沛 등을 떠돌다가 형주를 평정한 뒤 다시 익주, 한중을 공략하고 나서야 삼국의 한 축을 차지하게 되었다.

제갈량은 '융중대'에서 유비는 반드시 형주와 익주를 평정해야만 천하통일의 패업을 달성하고 한나라 왕실을 세울 수 있다고 지적했다. 당시 형주는 패권 쟁탈이 벌어지는 거점이었다. 그렇다면 형주는 작은 읍성 하나만을 가리킨 걸까, 아니면 형주 일대의 지역을 가리킨 걸까? 혹은 전혀 다른 지역을 의미한 건 아닐까? 조조의 군사력은 청주 군과 매우 긴밀한 관계가 있다는데, 도대체 청주는 어디였을까? 유비 는 한때 예주목에 봉해진 뒤로 '유예주'라는 별칭이 생겼다. 그렇다면 예주는 과연 얼마나 큰 지역이었을까? 이와 같은 다양한 의문들은 삼 국 시대 지리적 형세와 관련한 매우 중요한 문제들이다.

훗날 소설의 전신이 되었던 원명 시대 희곡과 평화平話, 노래와 이야기가 어울린 구어체 설화로 희곡의 근간이 되었음를 살펴보면 한결같이 지리적 개념이 희박했다. 나관중 역시 예외는 아니었다. 그는 『삼국연의』에서 등장 인물의 캐릭터와 줄거리 전개에 주력하며 작품의 주제를 이끌어가는 데 만 신경 썼을 뿐 지리적 명확성을 따지는 것은 소홀했다. 그로 말미암아 소설 속에 나오는 지리적 방위는 매우 부정확하고 오류도 심각하다.

특히나 소설 속의 허구적 픽션 부분은 역사가 진수의 『삼국지』는 물 론이거니와 배송지가 주석을 단 삼국 시대 사료도 전혀 근거로 삼지 않았다. 오로지 작가의 상상력으로만 만들어진 허구적 내용인지라 지 리적 내용이 뒤죽박죽이어서 불필요한 혼란과 오해를 낳았다.

예를 들어, 관우가 조조에게 붙잡혀 있다가 유비 휘하로 돌아갈 때 무려 다섯 관문을 뚫고 지나가며 장수 여섯 명의 목을 벴다는 이야기 가 있다. 여기에서 다섯 관문은 동령관, 낙양, 범수관, 형양, 활주의 황하 강 나루터다. 지도에서 이들 다섯 지점을 선으로 이어보면 직선 거리가 대략 400리에 달한다. 문제는 바로 이 다섯 관문의 위치다. 북 쪽 끄트머리에 있는 관문 다음에 난데없이 남쪽 끝에 있는 관문이 출 현하는 등 그야말로 현실성이 없다. 현실적인 관점에서 본다면 관우 가 도대체 이 관문들을 어떻게 통과했는지 미스터리 그 자체라고 말할 수 있다.

물론 소설은 지리 교과서가 아니다. 따라서 소설 속 장소에 대해 과도하게 과학성이나 사실성을 요구할 수는 없다. 심지어 역사서를 저술한 역사가들도 종종 지리적 상식이 부족할 때가 많다. 진수의『삼국지』는 나름대로의 특징과 사료적 가치가 있지만 내용 면에서는 기紀,제왕의 정치와 행적을 중심으로 역대 왕조의 변천을 연대순으로 서술한 역사 서술 체제의 하나와 전傳,개인의 사적事績을 기록한 것만 있을 뿐 지志,제례祭禮나 천문, 경제, 법률 등의 문물과 제도에 관해 항목별로 연혁과 변천을 기록한 것와 표表,각 시대의 역사적 흐름을 연표年表로 간략히 나타낸 것가 없다. 게다가 대부분 선대 학자들의 저술서나 일부 자료에만 의존해 역사서를 저술했을 뿐이다. 사실 진수는 패망한 나라의 사대부로, 사마천司馬遷처럼 전국 방방곡곡을 돌아다니며 광범위한 조사를 하기에는 조건상 어려움이 컸다. 그래서 사료적 근거가 희박할 수밖에 없었을 것이다. 어쩌면 삼국 시대의 시대적 상황에 따른 지리적 환경의 복잡성 때문에『사기史記』나『한서漢書』와 달리『삼국지』에 '기'와 '전'만 있고 '지'와 '표'는 물론이거니와 지리지가 모두 생략되었는지도 모른다.

이렇듯 삼국의 지리는 시종 문제점을 안고 있었다. 진수의『삼국지』이후 130여 년이 지난 뒤 배송지가 광범위한 분량의 사료를 바탕으로 주석을 달면서『삼국지』는 역사적 사실이라는 새로운 뼈대와 살이 붙었다. 덕분에 그 내용이 훨씬 풍부해지고 정확해졌지만 지리적 문제에서는 여전히 부족한 점이 많았다. 훗날 청淸대 건가학파乾嘉學派가 주도하는 고증 학풍이 유행하면서 비로소『삼국지리지三國地理志』,『교보 삼국강역지校補三國疆域志』등 지리서들이 봇물처럼 쏟아져 나왔다.

하지만 우리가 문제를 너무 복잡하게 파고들 필요는 없다. 삼국 시대의 실제 지리적 현황을 대략적으로 확인하는 것만으로도 충분하다. 삼국 시대는 동한과 서진西晉의 과도기적 시기로 그 기간이 매우 짧고, 다행히 동한과 서진 시대의 지리 현황이 정사正史에 정확히 남아 있어서 대략 유추하는 데는 별 문제가 없다. 삼국 시대는 행정 구역상 주州 10여 개, 군郡 100여 개, 현縣 1천여 개로 나뉘었다.

그러나 실은 삼국 간에 치열한 쟁탈전이 벌어지면서 여러 군과 현이 복잡하게 서로 합병되었다가 분리되는가 하면, 전쟁으로 하루아침에 사라지기도 하고 또 난데없이 새로운 군현이 생겨나는 등 큰 변화가 있었다. 이렇듯 상대적으로 작은 단위의 행정 구역들이 매우 복잡한 추세로 변화한 반면에 주는 12개에서 13개로 늘기만 했을 뿐 별다른 변화가 없었다. 당시 13주의 행정 관할 지역을 오늘날 지명과 대조해보면 다음과 같다.

- 사예교위司隸校尉: 지금의 허난 성河南省 서북부, 산시 성山西省 서남부, 산시 성陝西省 중부, 허베이 성河北省 남부 지역 관할
- 연주兗州: 지금의 허난 성 동북부와 산둥 성山東省 서부 지역 관할
- 형주荊州: 지금의 허난 성 서남부와 후베이 성湖北省, 후난 성湖南省 지역 관할
- 서주徐州: 지금의 산둥 성 동남부와 장쑤 성江蘇省 북부
- 양주揚州: 지금의 장쑤 성, 안후이 성安徽省의 강남 지역 및 저장 성浙江省, 푸젠 성福建省, 장시 성江西省 지역 관할
- 교주交州: 지금의 광둥 성廣東省, 광시 성廣西省 지역 관할

- 청주靑州: 지금의 산둥 성 동남부 지역 관할
- 유주幽州: 지금의 허베이 성 북부, 랴오닝 성遼寧省 및 조선반도 북부 지역 관할
- 기주冀州: 지금의 허베이 성 남부 지역 관할
- 병주幷州: 지금의 산시 성山西省 대부분 지역과 산시 성陝西省 북부, 허베이 성, 네이멍구內蒙古 일부 지역 관할
- 양주涼州: 지금의 간쑤 성甘肅省, 닝샤 성寧夏省 지역 관할
- 익주益州: 지금의 산시 성 남부, 구이저우 성貴州省 서남부, 쓰촨 성四川省, 윈난 성雲南省 지역 관할

각 주의 관할 범위는 천차만별이다. 예컨대 익주는 미개한 오지로 비록 관할 범위는 넓으나 거주민이 적어 군현의 수도 작았다. 반대로 중원 지역에 위치한 주는 관할 범위는 좁으나 거주민이 많아 군현이 집중적으로 설치되어 있었다.

『삼국연의』와『삼국지』에는 모두 지역과 관련된 직책이 등장한다. 당시 가장 흔했던 직책을 정리해보면 다음과 같다.

우선, 당시 주의 장관은 '목牧'이라고 불렀다. 소설 속의 유장은 아버지 유언劉焉 때부터 익주목으로 그 땅을 다스렸다. 또한 유우劉虞는 유주목이었고, 조조는 연주목이었다. 주의 장관은 '목' 이외에도 '자사刺史'라고도 불리었다. 이는 행정관보다는 감찰관의 성질이 짙었는데, '목'과는 특별한 차이점이 없었다.

군현이 집중되어 지방 장관 혼자만의 힘으로 다스릴 여력이 없는 지역은 '독우督郵'라는 감찰관을 파견하여 감찰하게 했다. 소설에 보면 장

비가 화가 치밀어 독우를 채찍으로 내려치는 일화가 나오는데, 실제로 독우를 꾸짖은 것은 유비였다. 그 밖에 촉蜀의 신하 이회도 본시 군郡의 독우였다. 역사적으로 독우직을 맡았던 사람은 그다지 많지 않지만, 유비가 채찍질을 했던 실제 독우의 이름은 기록에 남아 있지 않다.

군의 장관은 '태수太守'라고 호칭하였다. 봉록이 쌀 2천 석인 까닭에 '이천석二千石'이라고 불리기도 했다.

군 아래는 현縣이 설치되어 있다. 각 군마다 설치된 현의 수는 제각 각인데, 많게는 120개에 이르고, 작게는 서너 개에 불과했다. 그 가운데 행정 구역상 중요한 역할을 담당하는 현은 '거현據縣'이라고 불렸다. 이뿐만 아니라 현의 거주민 수에 따라 장관의 명칭도 '령令'과 '장長'으로 각각 달랐다. 즉 관할 구의 가구 수가 1만 호 이상일 때는 현령縣令을 두었고, 그 이하일 때는 현장縣長을 뒀다.

주의 장관인 주목州牧 혹은 자사刺史 휘하에는 치중治中, 별가別駕, 공조功曹, 주부主簿 등의 부속 관직을 두었다. 그리고 군의 장관인 태사 휘하에는 승부승(府丞), 중정中正, 오관연五官掾, 주부, 독우, 공조가 있었다.

『삼국연의』는 이런 문장으로 시작된다. "천하의 판도는 나뉜 지 오래면 반드시 합쳐지고, 합친 지 오래면 반드시 나뉘는 법이다."

이처럼 삼국 분쟁의 형국은 정치, 경제, 군사상의 분열과 통합인 동시에 지리적 구역의 실제 통치에서도 지속적인 변화를 의미했다.

〈 동한 말기 지방관의 명칭 〉

행정구역	지방관	부속 관직	참고 설명
주	목, 자사	치중, 별가, 공조, 의조議曹, 권학종사勸學從事, 전학종사典學從事, 독군종사督軍從事, 주부主簿, 서좌書佐, 전부사마前部司馬, 후부사마後部司馬, 좌부사마左部司馬, 우부사마右部司馬	군郡이 예속됨. 삼국 동일
군	태수	공조연功曹掾, 오관연五官掾, 상계연上計掾, 문학연文學掾, 독군종사督軍從事, 문하서좌門下書佐, 주부主簿	현縣이 예속됨, 삼국 동일
현	령	승丞1명, 위尉2명	1만 가구를 기준으로 그 이상일 경우 령을 둠
	장	승1명, 위1명	1만 가구를 기준으로 그 이하일 경우 장을 둠
향鄕	질삼로秩三老	–	대향大鄕
	질색부秩嗇夫	–	소향小鄕

삼국 시대의 손견과 손책 전기

강동 지역에는 유명한 '이장二張'이 있었다. 두 사람을 존경하고 아꼈던 손권은 직접 이름을 부르는 대신 '장공張公'과 '동부東部'라고 불렀다.

손견과 손책 부자는 오나라의 기틀을 세운 장본인이었다. 그러나 불행하게도 손견은 서른일곱, 손책은 스물여섯의 젊은 나이에 각각 요절했다. 아버지와 형의 뒤를 이은 손권에게는 항상 옆에서 그를 보좌해주는 두 신하가 있었다. 바로 장소와 장굉이었다. 손권은 대개 신하를 부를 때 그의 자字를 불렀지만 평소 각별한 사이인 데다 존경해마지 않던 '이장'에게는 달랐다.

『삼국지. 오서. 장굉전張紘傳』에서 인용한 「강표전」에 따르면, 나이가 많던 장소는 '장공'이라 불렸고, 한때 회계동부도위會稽東部都尉를 역임했던 장굉은 '동부'라고 칭했다.

장굉은 바로 손견과 손책에 대한 전기를 최초로 저술한 인물이다. 그는 장소와 함께 손권의 서기관 역할을 담당했다. 장굉은 손견이 "동탁을 내치고 무너지는 한 왕실을 일으켜 세웠다"라고 평가했으며, 손책을 "강동 지역을 평정하여 제업의 기틀을 다진 인물"로 여겼다. 장굉이 완성한 전기문을 읽고 난 손권은 크게 감격하며 "그대는 정말로 과인의 집안을 정확히 알고 있구나"라고 탄복했다.

사료에 따르면 장굉은 손권이 집권하자마자 손견과 손책에 대한 전기문을 집필한 것으로 추정된다. 즉 최초로 삼국의 당대사를 저술했으며, 이는 시기적으로 위소 등이 저술한 『오서』보다 훨씬 앞선 것이었다.

장굉은 예순에 사망했고 손권은 일흔한 살까지 장수했다. 『삼국지. 오서. 장굉전』에 따르면 손권은 장굉이 임종 전에 아들에게 남긴 유서를 읽고 크게 감동하여 눈물을 흘렸다고 한다.

장굉은 진림과 똑같은 광릉 출신이었다. 두 사람 모두 상대방의 문장력을 높이 평가하고 탄사를 금치 못했다. 장굉이 지은 부賦를 보고 진

장소

림은 매우 기뻐하며 옆 사람에게 "우리 고향 사람 장굉이 지은 것이
오"라며 자랑을 했다. 장굉 역시 진림이 지은 『무고부武庫賦』, 『응기론
應機論』을 읽고 감탄하였다. 두 사람은 각각 남방과 북방에서 지냈지만
자주 서신을 주고받았다.

　장굉은 문학적 재능이 뛰어났을 뿐만 아니라 붓글씨 솜씨도 빼어났
다. 한번은 공융이 장굉으로부터 편지를 받고서 그의 글솜씨에 감탄
하여 "자네의 글을 한 글자 한 글자 읽을 때마다 마치 자네를 보는 것
같아 절로 웃음이 나오네"라고 회신을 보냈다.

　『삼국지』에는 장굉이 시, 부, 추도문 등 작품 10여 편을 남겼다고 기
록되어 있다. 그러나 아쉽게도 그가 썼던 손견과 손책의 전기문과 더
불어 지금까지 전해지는 작품은 하나도 없다.

오국사

　진수의 『삼국지』에 앞서 오나라의 일부 문인과 사관들은 오나라의 역사서를
　저술했다.

당시 최초로 오나라 역사서를 기술한 사람은 장굉이었다. 그러나 장
굉은 손견과 손책의 전기문만 썼으며, 손권 시대의 사람이라 그 이후
의 역사서와는 전혀 관련이 없다.

　반면에 위소의 『오서』는 매우 유명하다. 위소는 자가 홍사弘嗣로 오
군吳郡 운양雲陽 출신이었다. 어린 시절부터 학문에 심취했으며 훗날 오

나라 상서랑尚書郎에 임명되었다. 손량孫亮이 즉위한 뒤에는 제갈각諸葛恪이 정사를 보좌하였고 위소는 태사령에 제수되었다. 이때 위소는 본격적으로 『오서』 편찬에 집중했다. 봉황鳳凰 2년273년, 위소에게 깊은 불만을 품고 있던 손호孫皓는 위소를 감옥에 투옥시킨 뒤 죽이고 말았다. 이때 그의 나이 일흔이었는데, 『오서』가 거의 마무리 단계에 접어들고 있을 즈음이었다.

동시대 사람으로 위소와 함께 『오서』를 편찬했던 이로는 주소周昭가 있었다. 자는 공원恭遠으로 중서랑을 역임했다. 훗날 감옥에 투옥된 뒤 사형에 처했다. 그 밖에 설영薛瑩과 화핵華覈 역시 『오서』 편찬에 참여했다.

설영은 설종薛綜의 아들로 처음에는 비부중서랑祕府中書郎직에 제수되었다. 손휴孫休가 즉위한 뒤 산기중상시散騎中常侍에 임명되었으나 몇 년 뒤 병을 이유로 퇴직했다. 손호가 재임 기간에 위소 등과 함께 『오서』를 편찬했다. 『삼국지. 오서. 설종전薛綜傳』에 따르면, 설영은 "박학다식하고 문장 실력이 뛰어나서 동료들 사이에서 '우두머리'로 불렸다"라고 한다. 훗날 진 태강太康 3년282년에 죽었다.

화핵은 자가 영선永先으로 오군 무진武進 출신이다. 처음에는 상우위上虞尉로 임명되었으나 문학적 재능이 뛰어나서 조정으로 들어가 비부랑祕府郎에 제수되었다가 다시 중서승中書丞으로 봉해졌다. 위소, 설영 등과 함께 『오서』를 편찬했다. 진수는 『삼국지. 오서. 화핵전華覈傳』에서 평하기를 "문장을 짓는 재능은 위소를 능가했지만 공문서를 작성하는 능력은 그에 미치지 못했다"라고 했다.

진수의 『삼국지』에 등장하는 위소, 주소, 설영, 화핵 이외에 배송지가 인용한 사료 속에도 몇몇 역사가들이 등장한다. 가령『오록』을 저술한 장발張勃과『오기吳紀』의 작자 환씨環氏,『오력吳歷』의 작자 호충胡衝 등이다.

상술한 여러 지식인들의 노력 덕분에 오나라의 역사 기록은 비교적 훌륭하게 보존되었다. 특히 위소 등이 편찬한『오서』는 훗날 진수가『삼국지』를 편찬할 때 중요한 사료적 근거가 되었다. 진수는『오서』에서 중요 내용만 간략하게 간추려서 인용한 반면에 배송지는 여러 가지 일화들을 다양하고 광범위하게 인용했다. 그래서『삼국지』의 원본과 배송지의 주석본을 서로 비교해보면 각자 인용한 오나라의 역사적 기록에 큰 차이가 있다는 사실을 알 수 있다. 물론 정사正史의 관점에서는 진수의『삼국지』가 대표적이다.

진수의『삼국지』

진수는『상서』와『춘추공양전春秋公羊傳』,『춘추곡량전春秋穀梁傳』,『춘추좌씨전』을 연구했으며,『사기』와『한서』에 정통한 역사학자였다. 총명한 데다 식견이 뛰어났으며, 특히 간략하면서도 수려한 그의 문장력은 지금까지도 명성이 자자하다.

진수는 자가 승조承祚이며 서진 시대 파서군의 안한현安漢縣 출신이다. 진수는 일찍이 같은 군의 저명한 역사학자인 초주에게 학업을 수학하여『상서』,『춘추』,『사기』와『한서』등을 읽었다. 촉한 때는 일찍이 위장군주부衛將軍主簿, 동관비서랑東觀秘書郎, 산기황문시랑散騎黃門侍郎 등의 관직을 역임했다. 진대에 이르러서는 치서어사治書御史로 임명되었다.

진수는 서진 태강太康 원년280년 오나라가 멸망한 시기를 전후로 위·촉·오 삼국의 역사 자료를 수집하기 시작했다. 그리고 태강6년285년부터 본격적으로『삼국지』를 집필했다.

진수 이전에 위나라와 오나라에는 이미 일부 역사가들이 당대 역사서를 저술했다. 예컨대 왕침의『위서』48권, 어환의『위략』89권, 위소의『오서』55권 등이 이미 완성되었다. 진수는 주로 이러한 역사 자료를 선별하여 사료적 근거로 삼아『삼국지』를 썼던 것이다.

촉나라의 경우는 당시 역사서가 없었기 때문에 진수는 직접 자료를 수집하러 다녔다. 더불어 자신 스스로『익도기구전益都耆舊傳』10편,『제갈량집諸葛亮集』을 편찬했다.『삼국지』에는 국가별로 단대사斷代史가 기록되어 있다. 그 가운데『위서』가 30권,『오서』가 20권,『촉서』가 15권이다.『촉서』의 분량이 적은 것은 그만큼 사료가 부족했던 까닭이다.

뿐만 아니라『삼국지』는 기존의『사기』나『한서』와 달리 기紀와 전傳만 있을 뿐 지志와 표表가 없다. 역시 집필 당시 근거로 삼았던 자료가 부족했기 때문이다. 이처럼 삼국 시대의 경제, 지리적 현황, 관직 등 다양한 분야의 내용이 누락되었기 때문에 후세 역사가들의 연구에 많은 어려움이 따랐다.

당시 조정에는 환관 황호黃皓의 전횡이 극에 달하고 있었다.『진서.진수전』에 따르면, "조정의 모든 신하들이 황호에게 굽실거렸지만 유독 진수만은 아첨하지 않아 거듭 벼슬이 깎였다"라고 한다. 스승이었던 초주는 진수의 성격을 잘 알고 있던 터라 "너는 재주와 학문으로 명성을 이뤄낼 것이다. 그러나 그 명성이 훼손되고 꺾이는 일을 당할 것이니 마땅히 신중하도록 하라"며 충고했다.

『삼국지』를 완성하고 12년이 지난 원강元康7년297년, 진수는 향년 예순다섯의 나이로 병사했다.

그렇다면『삼국지』는 어떤 특징이 있을까? 모두들 알다시피『한서』등이 단대사 형식의 기전체라면『삼국지』는 통사식의 기전체로 서술되었다. 그렇다면『후한서後漢書』,『진서』,『송사宋史』,『원사元史』등 각 왕조별로 정사를 기록한 24사 가운데『삼국지』는 어떤 특징이 있을까?

24사는 통사식이든 단대사식이든 모두 기전체로 작성되었다. 즉 제왕의 이야기를 다룬 '본기本紀'와 기타 인물의 업적을 다룬 '세가世家', '열전列傳' 등으로 구성되어 있다. 다만『삼국지』는 기타 정사와 달리 '단대사＋국별＋기전체'가 혼합된 형식을 취한다.

진수의『삼국지』는 나라별로 단대사를 저술하여 새로운 형식을 만들어냈다.『구당서舊唐書. 경적지經籍志』의 분류를 보면,『위서』는 정사로 분류되고『촉서』와『오서』는 다르게 분류되어 있다. 즉 송대 이전까지는『위서』,『오서』,『촉서』가 각기 독립되어 전해져 오다가 훗날에 이르러서야 한데 합쳐져서『삼국지』로 일컬어졌던 것이다.

진수의 『삼국지』에 대한 후세 사람들의 평가

진수의 『삼국지』는 문필이 우아하고 정직하기로 유명하다. 그렇다면 단점은
없었을까?

진수는 서기 233년에 태어나서 297년에 향년 예순다섯의 나이로 죽었
다. 주로 진 무제武帝 때 저작랑을 역임했다. 『화양국지. 진수전』에 따
르면, 당시 사람들은 『삼국지』를 "문필이 우아하고 문장이 화려하다"
라고 평가했다. 또한 『진서. 진수전』에는 "사서를 쓰는 데 재능이 있
다", "문장에 권고하고 훈계하는 내용이 많아 풍속 교화에 유익하다"
라는 비평이 실려 있다.

그러나 진수의 『삼국지』는 지나치게 간략하다는 단점이 있다. 만일
배송지가 많은 사료를 인용해 주석을 달아 『삼국지』를 재탄생시키지
않았더라면 『삼국지』는 아마도 오늘날처럼 많은 사람들에게 널리 읽
히는 경전으로 자리매김하지 못했을 것이다.

진수는 역사서를 저술하는 태도에서도 후세 사람들에게 적잖은 질
타를 받았다. 예컨대 위나라의 정의丁儀, 정이丁廙는 조식과 관계가 돈
독해서 위나라의 요직을 겸했다. 진수는 역사서를 쓸 당시 정씨 아들
에게 쌀을 주면 부친에 대해 훌륭한 전기문을 써주겠다고 말했다가 거
절당하자 정의와 정이의 전기문을 쓰지 않았다.

진수의 부친은 마속의 수하 장수로 당시 마속이 제갈량에게 죽임을
당할 때 연좌에 걸려 머리를 깎는 형벌을 당했다. 그래서 진수는 「제
갈량전」에서 제갈량을 폄하했다.

청 초 『수상삼국지繡像三國志』의 삽화

진수 본인 역시 제갈량의 아들 제갈첨의 수하로 있다 처벌받은 일이 있었다. 그래서 진수는 「제갈첨전諸葛瞻傳」을 쓸 때도 그저 글자만 쓸 줄 알 뿐, 실력보다 명성이 앞선 자라며 제갈첨을 비판했다. 위의 일화는 『진서. 진수전』에 기록되어 있는데, 이밖에도 한 가지 흥미로운 일화가 실려 있다. 당시 하후잠夏侯湛은 이미 『위서』를 저술하고 있었는데 진수의 책을 보고 나서 자신의 책을 찢어 버리고는 역사서 저술을 그만뒀다고 한다.

진수가 죽고 130여 년이 지난 뒤 배송지는 '상삼국지주표上三國志注表'에서 "진수의 글은 꼭 봐야 할 부분만 엄선했으나 그 간략함이 너무 지나쳤다는 단점이 있으며, 몇 가지 내용이 누락되었다"라고 평가했다.

훗날 송대에 이르러 사마광은 『자치통감』을 편찬하면서 진수의 『삼국지』와 배송지의 주석본을 한데 묶어 삼국의 편년사에 포함시켰다. 대신 사마광은 진수가 제갈량에 대해 폄하했던 부분을 일부러 삭제했다. 이로 봐서 사마광은 진수가 제갈량을 평가할 때 편견에 사로잡혀 있다고 판단했던 것으로 추정된다.

역사적 관점에서 봤을 때 진수의 『삼국지』는 가장 대표성을 지닌 삼국의 역사서라고 평가할 수 있다. 그렇다면 배송지의 주석본은 어떤 평가를 받아야 할까? 수많은 사료를 인용한 배송지의 주석본은 후세 사람들이 삼국 역사를 올바르게 인식할 수 있도록 새로운 장을 열었다고 평가할 수 있다. 배송지의 주석 덕분에 삼국 역사는 더욱 화려한 색채를 뽐내고 진한 향기를 내뿜게 되었다.

배송지의 『삼국지』 주석본

배송지는 삼국지의 누락된 부분을 보완하고 잘못된 내용을 교정하여 『삼국지』를 더욱 풍성하게 다듬었다.

남송대에 이르러 문제文帝는 『삼국지』의 내용이 지나치게 간략하다고 판단하여 배송지에게 주석을 달아 보완하도록 명했다. 이때는 진수가 죽고 130여 년이 지난 뒤였다. 배송지는 광범위한 사료를 수집하고 선별하여 『삼국지』에 새로운 뼈와 살을 갖다 붙이는 작업에 돌입했다.

배송지는 '진서표進書表'에서 밝혔듯이 다음 네 가지 사항에 특별히 주의를 기울이며 주석을 달았다.

첫째, 진수가 『삼국지』에 싣지 못한 누락된 내용에 대해서 관련 사료를 찾아 최대한 완벽하게 보완했다.

둘째, 똑같은 사안임에도 각기 다른 관점으로 평가한 기록에 대해서

차주車冑의 목을 베다.

는 독단적인 판단을 유보한 채 관련 자료를 모두 실었다.

셋째, 진수의 오류가 명백하거나 합리적이지 못한 부분은 올바르게 교정했다.

넷째, 개인적인 논평을 달았다. 배송지는 "신臣 배송지의 생각은 이렇습니다"와 같은 말머리를 시작으로 자신의 의견을 군데군데 삽입했다. 예컨대, 『삼국지. 촉서. 관우전』에서 유비에게 돌아가려는 관우에 대한 조조의 태도를 이렇게 논평하고 있다.

"신 배송지의 생각은 이렇습니다. 조조는 관우가 머무르지 않을 것을 알고도 내심 관우의 뜻을 아름답다고 여겼다. 또한 떠나가는 관우를 잡지 않고 내버려 뒀는데, 이는 가히 제왕의 도량이라 할 만하니, 어느 누가 이를 따를 수 있겠는가? 이것은 조공曹公의 미덕을 엿볼 수 있는 대목이다."

위에서 살펴봤듯이 배송지는 『삼국지』의 주석을 달면서 수많은 사료를 인용했을 뿐만 아니라 중요 인물이나 중대 사건에 대한 논평을 달아 자신의 의견을 피력했다. 오늘날 『삼국지』가 불후의 명작 반열에 들어설 수 있었던 데는 배송지의 공훈이 가장 컸다.

배송지는 어떤 책들을 인용했는가?

『삼국지』의 제1편 「무제기」를 펼쳐보면 "태조의 이름은 길리이고, 아명은 아만이었다"라고 배송지가 인용한 「조만전」의 내용이 나온다. 또한 왕침이 편찬한 『위서』의 내용도 나온다. 뿐만 아니라 「조만전」과 『위서』 외에도 수많은 책들과 상세한 사료들이 등장한다.

이렇듯 배송지는 수많은 서적들을 참고 자료로 인용했으며 그 분량역시 원본 『삼국지』를 넘어섰다. 덕분에 후세 사람들에게 상세하고 귀중한 자료를 남겨주게 되었다. 만일 배송지가 인용한 여러 자료들이 없었다면 오늘날 우리는 생동감 넘치는 삼국의 역사를 자세하게 접할 수 없었을 것이다.

삼국사의 일등 공신인 배송지가 인용했던 수많은 자료들은 송대 사마광이 편찬한 『자치통감』에 모두 포함되었다. 사마광은 진수의 『삼국지』와 배송지의 주석본을 한데 묶어 편년사 형식으로 편찬하여 한층 완벽한 역사서로 거듭나게 했다.

그렇다면 배송지는 주로 어떤 책들을 인용했을까? 이는 크게 두 종류로 나눌 수 있다.

첫째, 진수가 『삼국지』를

공성계

저술할 당시 이미 존재했던 삼국 역사서적을 참고했다. 가령 위소의 『오서』, 왕침의 『위서』, 초주의 「촉본기蜀本紀」 등이 있다. 그 밖에 조조, 조비, 조식, 왕찬王粲, 진림 등의 글과 종회의 「종회모전鍾會母傳」, 하소何劭의 「왕필전王弼傳」, 부현의 『증부풍마균서贈扶風馬鈞序』 등도 동시대의 작품으로 진수 역시 모두 접했던 책이다. 하지만 진수는 내용을 간략하게 추리는 과정에서 이러한 사료들을 전혀 참고하지 않았을 뿐만 아니라 언급조차 하지 않았다.

둘째, 진수가 죽은 뒤 배송지에 이르기까지는 약 130여 년의 시간적 간격이 있었다. 그동안 진수가 알 수 없는 수많은 새로운 역사 서적이 쏟아져 나왔다. 가령 장번張璠의 「후한기後漢紀」, 우부虞溥의 「강표전」, 곽반의 『위진세어魏晉世語』 등과 여러 인물들의 전기문 등이다. 배송지는 이러한 역사적 사료를 수집하여 세심한 선별 작업을 거쳐 주석본에 인용했다. 이렇듯 배송지가 기존의 『삼국지』에 새로운 피를 주입하고 생명력을 불어넣었기 때문에 오늘날 『삼국지』가 중요한 역사물로 자리매김할 수 있었던 것이다. 그래서 루쉰魯迅은 『중국소설사략中國小說史略』에서 배송지가 『삼국연의』의 발전에 박차를 가했다고 평가했다.

그런데 배송지가 인용한 서적의 분량은 대략 어느 정도였을까? 청대 고고학자 전대흔錢大昕은 『이십이사고이二十二史考異』에서 배송지가 인용한 서적이 약 140여 종에 달한다고 기록했다. 현재 광범위하게 보급되고 있는 중화서국 판본의 『삼국지』에는 서문에서 배송지가 인용한 서적이 210종에 달한다고 기재하고 있다. 이렇듯 각자 집계한 숫자가 다른 이유는 동일 작자의 책명이 각각 다르게 출판된 것을 중복 집계했거나 혹은 중간에 유실된 책들을 포함한 탓도 크다.

위진남북조 시대의 필기소설

삼국 시대의 이야기들은 서진 시대부터 가장 인기 있는 화젯거리였다.

   삼국이 정립되던 시기부터 제갈량과 관우, 장비는 각각 지혜와 용기의 화신으로 천하에 명성을 떨쳤다. 서진 초엽 나라를 세운 사마씨는 조상의 덕을 기리고 미화하는 과정에서 자연스레 사마의를 숭상하였고 그 시기에 제갈량을 폄하하는 기류가 생겼다.

   가령 『진서. 악지하樂志下』에 따르면 사당에 걸어두던 시편에는 "우리 황제사마의의 무공이 신출귀몰하여 제갈량은 싸우기도 전에 겁을 먹고 말았다"라는 내용의 시가 실려 있다.

   그러나 진 무제는 나라를 위해 분골쇄신하여 충성을 바친 제갈량을 매우 높게 평가했다. 그래서 진수에게 명하여 『제갈량집』을 편찬하게 했다. 뿐만 아니라 과거 촉나라의 신하로 제갈량 수하에 있었던 급사중 번건樊建에게 제갈량이 천명한 치국의 도를 묻고는 "나는 왜 제갈량과 같은 현자를 신하로 두지 못했는가?"라고 탄식하였다는 일화가 있다. 동진남북조 시대에 이르러서 제갈량의 명성은 더욱 드높아졌다.

   제갈량을 칭송하는 일화들이 사람들의 입을 통해 퍼져나가면서 제갈량의 이미지는 더욱 과장되고 부풀려졌다. 주로 전쟁에 나가면 백전백승을 자랑하는 뛰어난 군사 전략가로서의 제갈량과 신출귀몰한 초인에 가까운 제갈량의 모습으로 형상화되었다. 당시 사람들에게 제갈량은 누구나 꿈꾸고 동경하는 이상형이었다. 제왕에게는 가까이 두고 싶은 덕과 지혜, 능력을 갖춘 완벽한 신하였으며, 지식인들에게는 본받고 싶은 삶의 목표였다. 이렇듯 제갈량은 사회 각계각층에서 사랑과 관심을 받는 이상적인 인물로 진화하는 동시에 삼국 이야기의 중심 골격이 되었다.

관우와 장비는 삼국 시대 최고의 용장으로 당대에 이미 명성이 자자했고 훗날에는 후세 사람들에게 숭상받는 영웅이 되었다. 특히 무인이 득세한 양진남북조의 전란 시대에는 관우와 장비 같은 용맹스러운 무사가 절실했다. 그래서 이 시기에는 『한진춘추』, 『촉기蜀記』 등 『삼국지』를 흉내 낸 야사와 잡록 형태의 필기소설이 수없이 편찬되어 용맹스러운 장수들의 이야기가 넘쳐났다.

종회

사실 『삼국지. 촉서』의 「관우전」이나 「장비전」은 대개가 1천 자 남짓의 짧은 기록에 지나지 않았다. 배송지가 다양한 사료를 인용해 뼈와 살을 보태주지 않았다면 이들 용사들은 아마도 역사의 그늘 속에 가려졌을지도 모른다. 특히 「조운전」은 배송지가 무명씨의 「조운별전」을 인용해 기존 기록의 세 배에 가까운 주석과 설명을 덧붙였다. 배송지가 아니었다면 오늘날 '온몸이 담력 덩어리'로 '범 같은 위엄을 갖춘 장군'으로 찬사를 받는 조운의 이미지는 존재하지도 않았을 것이다.

양진남북조 시대는 다채로운 야사와 필기소설이 대량으로 편찬되었다. 『삼국지』가 훗날 『삼국연의』의 창작에 줄거리 전개와 인물 형상의 기본 골격을 만들어줬다면, 양진남북조 시대의 야사와 필기 소설은 『삼국지』에 나오는 역사적 사건과 인물들을 다양한 각도에서 조명하여 『삼국연의』의 줄거리를 더욱 풍성하게 만들고 인물의 이미지에 생동감을 불어넣어줬다.

　위진 시대의 야사와 필기소설은 아무리 퍼내도 끝이 없는 원천으로 훗날 『삼국연의』의 창작에 풍부한 소재를 제공해주었다. 가령 나관중의 『삼국지통속연의三國志通俗演義』는 『세설신어』에서 여러 가지 소재를 인용했다. 예컨대 조조가 꿈속에서 사람을 죽이는 버릇이 있다고 사람들을 속였던 일화나 민첩하고 박학다식했던 양수楊修의 일화, 조식이 칠보시를 지었던 일화 등이다. 모종강 역시 『삼국지통속연의』 수정본에서 종회가 조조를 만난 자리에서 무서운 나머지 땀조차 흘리지 못했다고 대답했던 일화나 등애의

등애

'봉혜봉혜鳳兮鳳兮'와 관련한 일화 등을 인용하여 작품에 재미를 더하고 인물의 성격 묘사를 풍부하게 했다.

나관중과 『삼국연의』

『삼국연의』는 중화민족 최고 경전으로 『삼국지』를 원본으로 삼아 천년에 걸친 진화 끝에 마침내 장편 장회소설章回小說, 긴 이야기를 여러 장회章回로 나눈 것으로 중국 고대 장편 소설의 주요 형식으로 재탄생했다.

중국인들 가운데 삼국지 이야기를 모르는 사람은 극히 드물다. 지식의 많고 적음을 떠나서 너 나 할 것 없이 삼국 시대 이야기가 담긴 책을

명대 목각본 『삼국연의』의 〈도원결의〉 삽화

읽고, 희극 공연을 본다. 뿐만 아니라 삼국지 일화를 소재로 한 그림을 감상하고 관제묘를 참배하는 등 다양한 방식을 통해 삼국 시대 이야기를 접하고 있다.

오랜 세월을 거쳐 전해오던 삼국 시대 이야기는 나관중의 창의적 손끝에서 새로운 변화와 확장을 거듭했고, 모륜毛綸과 모종강 부자의 첨삭과 수정 작업을 거쳐 마침내 불후의 명작인 『삼국연의』로 탄생했다.

명대 대표적 장편소설로 손꼽히는 『삼국연의』는 『수호전水滸傳』, 『서유기西遊記』, 『금병매金瓶梅』와 더불어 '4대 기서奇書'로 일컬어지고 있다. 그 가운데서도 『삼국연의』는 가장 많은 독자층을 거느리고 있으며 수많은 판본들이 있다.

『삼국연의』는 중국 문학사상 최초의 장편소설이자, 최초의 장회소설이며, 또한 최초의 통사연의소설이다. 『삼국연의』는 세상에 나오자마자 신분 고하를 막론하고 세간에 뜨거운 열풍을 일으키며 널리 퍼졌다. 일반 백성이 집집마다 달력과 『삼국연의』를 기본적으로 갖추었다는 기록을 보면 그 인기가 어느 정도였는지 충분히 짐작할 만하다. 청초의 통치 세력은 사상적 통제를 강화하기 위해 문자옥文字獄을 일으켜 수많은 책을 불태우고 금서로 정했다. 예컨대 『수호전』, 『설당전전說唐全傳』, 『금병매』, 『홍루몽紅樓夢』 등도 금서로 정해졌다. 그러나 유일하게 『삼국연의』만은 아무런 제재를 받지 않았을 뿐만 아니라 계몽 교육의 교재로 이용되었다.

이렇듯 『삼국연의』가 신분 고하를 막론하고 사회 각계각층에서 크게 인기를 얻자 서적 상인들은 이익을 챙기기 위해 수많은 판본의 『삼국연의』를 간행했다. 하지만 명대 이후 전란으로 말미암아 많은 판본들이 유실되고 현재까지 전해지는 판본은 27종에 불과하다. 그 가운데 정식 명칭을 가진 판본은 다음 8종이다.

첫째, 『삼국지연의三國志演義』 일명 『삼국지통속연의』. 명청대 가장 유명했던 판본이다. 명 가정 판본은 '연의' 앞에 '통속' 두 글자를 삽입했으며, 기타 판본은 '삼국지' 앞에 '신각新刻', '신간新刊', '교정校正', '고본古本', '경본京本', '권점圈點' 등의 글자를 삽입했다. 이는 모두 서적 상인들이 돈을 벌기 위한 장사 술수로 똑같은 판본에 제목만 바꿔서 출간한 것들이다.

둘째, 『삼국지전三國志傳』. 대부분 복건福建 건양建陽 판본이다.

셋째, 『삼국지사전三國志史傳』. 복건 판본으로 왕사원王泗源본과 엽봉춘葉逢春본으로 나뉜다.

넷째, 『삼국전전三國全傳』. 복건 판본으로 『삼국지전』의 아류작으로 웅청파熊淸波본이 지금까지 전해오고 있다.

다섯째, 『삼국지』. 이른바 '비평'본으로 불리어진다. 이탁오李卓吾 평본, 종백경鍾伯敬 평본, 이립옹李笠翁 평본, 모종강 평본으로 나뉜다.

여섯째, 『사대기서제일종四大奇書第一種』. 모종강본이 가장 처음 만들어졌다.

일곱째, 『제일재자서第一才子書』. 이립옹 평본을 기초로 했다. 김성탄金聖嘆의 서문序文이 실린 데서 '제일재자'라는 이름이 유래되었다.

여덟째, 『삼국연의』1950년대 초 런민문학출판사에서 모종강본을 기초로 나관중의 가정본을 참고하여 교정 작업 끝에 최종적으로 『삼국연의』라는 제목으로 출간했다. 반세기 동안 가장 널리 유포되고 알려진 판본이다. 이로써 과거 판본의 작품들도 모두 『삼국연의』로 불리게 되었다.

『삼국연의』의 원작자는 나관중이다. 나관중은 원말 명초 무렵의 평화 및 잡극 대가였다. 전해오는 이야기에 따르면 나관중은 『삼국연의』 이외에도 『수당양조지전隋唐兩朝志傳』, 『잔당오대사연의전殘唐五代史演義傳』을 지었고, 시내암施耐庵과 『수호전전水滸全傳』을 공저했다고 한다. 현재까지 나관중의 생년월일과 출신지 등은 정확히 밝혀져 있지 않다. 일부에서는 태원太原 출신이라는 설도 있고, 그 밖에 전당錢塘 출신, 자계慈溪 출신, 여릉廬陵 출신이라는 등 다양한 설이 난무하고 있다. 이는 나관중이 수많은 지역을 전전하면서 책을 집필했다는 방증

독우에게 채찍질하는 장비　　　　　세 영웅과 싸우는 여포

이기도 하다.

　더불어『삼국연의』라는 불후의 명작을 지은 위대한 작가임에도 불구하고 나관중은 사회적 지위나 출신지조차 알 수 없는 무명씨에 가까웠다는 사실을 알 수 있다. 필자의 견해로는『삼국연의』에 등장하는 무기들이 모두 명대에만 사용했던 무기라는 점, 주유가 조조의 함대를 격파하는 장면이 주원장朱元璋의 파양호鄱陽湖 전투와 흡사한 점 등을 근거로 볼 때 아마도 원말 명초 무렵에 활동했던 사람으로 추정된다.

　나관중은 유교 이념을 바탕으로 동한의 멸망과 삼국의 흥망성쇠, 진의 통일을 기술했으며, 특히 사람의 마음과 인재, 전략이라는 세 가지 요소에 주안점을 두었다. '제갈량의 설전군유舌戰群儒' 대목은 『삼국연의』의 핵심적인 부분 가운데 하나다. 나관중은 이 대목에서 자신의 유교 사상과 정치관을 거침없이 쏟아내며 말만 앞세우고 낡은 관습과 사고방식에서 벗어나지 못하는 이른바 '썩은 선비'들을 질타했다. 나관중이 살아 있을 당시 『삼국연의』의 판본이 만들어졌는지는 정확히 알 수가 없다. 현재 학계에서는 명대 가정 원년1522년에 만들어진 『삼국지통속연의』가 가장 원작에 가깝거나 혹은 원작일지도 모른다고 평가하고 있다.

가정본은 총 24권 240칙則으로 각 권에 10칙이 들어 있으며 각 칙에 일곱 자로 된 제목이 붙는다. 훗날 상하이상무인서관上海商務印書館에서는 가정본嘉靖本 복각본覆刻本을 원본으로 출간했고, 1974년 런민문학출판사와 1980년 상하이고적출판사上海古籍出版社에서는 가정본 초각본初刻本을 원본으로 삼아 출간했다. 초각본과 복각본은 문장과 세부적인 줄거리에서 약간씩 다르다. 예컨대 『옥천산관공현성玉泉山關公顯聖』 대목은 피휘를 적용했느냐의 여부에 따라 판본마다 기록이 달랐다. 런민문학출판사의 간행본에서는 관우가 잡혀서 죽임을 당하는 과정을 매우 상세하게 묘사하고 있다.

하지만 상하이상무인서관의 간행본은 대부분의 과정을 삭제하고 단지 "하늘에서 '옥황상제의 부름이오!' 하는 소리가 들리더니 관우는 하늘로 승천했다"라고만 기록하고 있다.

『삼국지평화』를 보완·증편한 나관중

나관중의 『삼국지연의』는 잡극과 『삼국지평화』를 기초로 하고 있다. 그러나 『삼국지평화』는 촉나라에 편중되어 있는 탓에 위나라와 오나라에 대한 기록이 그다지 자세하지 않다. 또한 제갈량의 사후 이후에는 곧바로 오나라와 촉나라의 패망을 다루고 있어서 지나치게 간략하다는 흠이 있다. 그래서 나관중은 역사서를 참고하여 자세한 기록을 보완했다.

첫째, 『삼국지연의』 1~4권에는 대체적으로 『삼국지평화』와 내용이 동일하다. 단지 손책이 강동 지역을 평정하는 내용을 보완했다.

둘째, 『삼국지연의』 5~11권에는 조조가 원씨 형제를 격파하고 요동 지역을 평정하는 일화를 보충했으며, 우길于吉과 손권이 손책의 뒤를 이어 강동 지역을 통솔하고, 황조를 격파하는 내용을 보충했다. 또한 적벽대전에서는 감택이 거짓 항서를 바치고 방통이 교묘히 연환계를 일러주는 내용 등을 보완했다.

셋째, 『삼국지연의』 12~24권에는 조조가 한중의 장로를 격파하는 일화와 제갈량 사후 강유의 북벌, 사마씨 부자의 정권 장악, 제갈량의 대패와 위나라가 촉나라를 평정하고 이어서 진나라가 오나라를 평정하는 내용을 보완했다.

나관중의 『삼국지연의』는 대대적인 수정과 보완을 통해 8만 자에 달하는 기존 『삼국지평화』의 내용을 무려 10만 자까지 늘렸다. 그래서 쑨카이디孫楷第 선생은 "『삼국지연의』는 『삼국지평화』를 좀더 상세하게 보완하는 동시에 불필요한 부분은 과감히 삭제했다. 또한 『삼국지평화』에서는 골격만 있던 허술한 내용에 피와 살을 덧붙여 생명력을 불어넣고 매우 사실적으로 기술했다" 라고 평했다.

모륜, 모종강 부자와 『삼국연의』

현재 널리 읽히고 있는 『삼국연의』는 청대 모륜, 모종강 부자의 수정본으로 흔히 '모본'이라고 불린다.

모륜은 명말 청초 장주長洲, 지금의 장쑤 성 쑤저우 출신으로 특별한 관직은 없었으며, 중년에 시력을 상실했다. 평소 명대 간행된 판본을 못마땅하게 여기던 모륜은 청대 강희 3년1664년부터 『삼국연의』의 문장을 새로이 교정하고 각 권에 총평을 달았다. 훗날 아들 모종강이 그를 이어서 교정 작업을 지속했다.

오늘날 널리 알려진 『삼국연의』 모본의 최초 간행본은 청대 강희康熙 18년1679년에 완성된 취경당정각본醉耕堂精刻本이다. 당시 모종강이 생존해 있던 시기로 간행본을 『사대기서제일종』이라고 불렀다.

모륜은 '유비를 숭상하고 조조를 배척하는' 정통 유교적 관점에서 『삼국연의』의 교정 작업을 진행했다. 그의 사상적 성향은 자신이 직접 작성한 『독삼국지법讀三國志法』에 잘 나타나 있는데, 그는 자신의 견해를 이렇게 피력하고 있다.

"무릇 『삼국지』를 읽는 사람은 정통성을 인정받은 자, 정통성을 인정받지 못했거나 혹은 왕위를 찬탈한 자를 명확하게 알고 있어야 한다. 그렇다면 정통성을 계승한 자는 누구인가? 바로 촉한이다. 그렇다면 왕위를 찬탈한 자는 누구인가? 바로 위나라와 오나라다. 땅으로 따지면 중원을 차지한 자가 정통성을 계승하며, 윤리로 따지면 유씨가 정통성을 계승해야 한다. 허나 땅보다는 윤리가 앞서기 때문에 마땅히 촉나라가 정통성을 계승해야 한다."

이러한 관점에서 개정된 『삼국연의』의 모본은 유비를 한 왕실의 정
통 계승자로 내세웠으며, 무게 중심을 촉한에 두었다. 특히 인물 평가
에서 유비를 주축으로 한 촉나라 군신들을 크게 칭송한 반면 조조 집
단에는 곧잘 비판을 가했다.

나관중의 여러 판본과 비교하면 모본은 다음 여섯 가지 방면에서 중
점적으로 개정되었다.

첫째, 문장의 수사를 다듬었다. 모본에서 가장 중점을 두고 수정한
부분이다. 모씨 부자는 산만하고 중복되거나 불명확한 문장들을 첨삭
과 수정을 거쳐 세련되고 간단명료하게 다듬었다.

둘째, 줄거리를 개조했다. 모본은 '유비를 숭상하고 조조를 배척하
는' 정통 유교적 관점에서 대대적으로 수정되었다. 예컨대 167회에서
본래는 손부인의 이야기가 나오
지 않는다. 하지만 모본에서는
"오나라에 있던 손부인은 유비
가 이릉 전투에서 패하고 죽었다
는 소문을 곧이곧대로 믿고 강가
에서 서쪽을 향해 제사를 지낸 뒤
물에 빠져 자살했다"라는 내용이
삽입되어 있다. 또한 205회에는
제갈량이 상방곡에서 화공작전
으로 사마의를 죽이려고 했을 때
본래는 위연도 함께 죽이고자 했
던 일화가 생략되어 있다. 이러

여포의 복양濮陽대전

일곱 갈래 길로 서주를 공략하는 원술 　백문루에서 여포를 참수하는 조조

한 줄거리의 개조는 역사적 사실성을 부각시켜 주는 한편, 등장인물
의 성격에 일관성을 가져다주어 캐릭터에 생동감과 재미를 불어넣는
효과를 나타냈다.

셋째, 목차를 정돈했다. 명대에 간행된 『삼국연의』는 204회204칙로
이뤄졌으나 모본은 이를 120회로 정돈했다.

넷째, 논찬論贊을 삭제했다. 논찬은 역사서술에서 사관史官의 의견을
나타낸 사론史論이다. 명대 판본에는 다른 책에 실린 논찬을 번잡하게
인용했는데, 모본에서는 이를 모두 삭제했다.

다섯째, 시문詩文을 개조했다. 명대 판본에 실렸던 조잡하고 경박한
시문들을 모본에서는 모조리 삭제했다. 물론 필요한 경우에는 적절한
시문을 삽입하기도 했다. 예컨대 제85회에서 유비의 죽음과 관련된

기존의 시문을 삭제하고 다음과 같은 두보의 칠언율시 「영회고적詠懷古迹」을 새로이 삽입했다.

촉나라 임금 오나라 노려 삼협에 행차하니, 돌아가신 그해에도 영안궁에 계셨도다.

상상 속, 화려한 깃발 쓸쓸한 산속에 있고, 허무한 궁궐러는 저 들판 절러에 있었도다.

옛 사당 소나무에는 물새들이 둥지 틀고, 명절이면 사냥하려 시골 노인들 부산하다.

제갈공명의 사당 집이 언제나 이웃되어, 한 몸 된 임금과 신하, 제사도 같이 하는구나.

여섯째, 중점적으로 총평을 달았다. 이는 모본에서 가장 신경을 쓴 부분으로 총평 글자 수만 해도 무려 20만 자에 달한다.

모본은 김성탄의 이론적 비평을 기반으로 『삼국연의』에 대해 다음과 같이 다양한 의견을 제시했다.

첫째, 『삼국연의』의 문학사적 위치를 정의했다.

둘째, 역사소설 창작 면에서 실제 역사적 사실과 예술적 창의력은 불가분의 관계임을 설명했다. 즉 역사 소설이 실제 역사적 사실에서 자유로울 수는 없지만 예술적 창의력을 발휘하여 합리적인 수준에서 허구적인 내용을 삽입하는 것을 반대하지 않았다.

셋째, 『삼국연의』의 재미는 바로 생동감 넘치는 캐릭터를 성공적으로 구현했기 때문이라고 지적했다. 특히 '삼기' 혹은 '삼절'로 일컬어지는 제갈량, 관우, 조조의 캐릭터 구축은 매우 성공적이었다.

넷째, 『삼국연의』의 예술적 구성을 정밀하게 분석하고 『삼국연의』에서 운용된 다양한 예술적 기교를 총괄하여 정리했다.

『삼국연의』는 다양한 인물 군상을 통해 사람들의 뇌리에 깊은 인상을 심어주면서 수천 년이 지난 지금까지도 우리에게 널리 읽히고 있는 경전이다. 나관중은 독특하고 개성적인 인물의 형상을 이미지화하는 데 크나큰 공로를 세웠지만, 역대 삼국의 이야기를 창작한 원작자의 공로도 결코 무시할 수 없다. 『삼국연의』에는 역사서 『삼국지』에서 볼 수 없는 허구의 인물이 수없이 등장한다. 나관중은 민간에서 구전으로 내려오다가 송원대 화본 속에 등장하게 된 허구적인 인물들에

안량의 목을 베다.

오소를 기습하여 군량미를 불태우는 조조

생명력을 불어넣어 개성 넘치는 캐릭터로 재탄생시켰다.

허구의 인물들

미인 초선

사학자들은 이구동성으로 초선貂蟬이라는 인물이 일종의 문화적 현상
이었다고 말한다. 필자 역시 깊이 공감하는 부분이다. 『삼국연의』에
는 다양한 문화적 현상을 담고 있는데, 대개가 역사서에 근거를 두고
있다.

실상 『삼국지』에는 초선이라는 미인과 관련한 그 어떤 흔적도 보이
지 않는다. 다만 『위서. 여포전』에 "동탁은 항상 여포
에게 중각中閣을 지키도록 했는데 여포가 동탁의 시
녀와 사통하게 되었다. 이 일이 발각될까 두려워진
여포는 절로 마음이 불안했다"라는 기록이 있을 뿐이
다. '봉의정鳳儀亭'은 바로 「여포전」에 나오는 '시녀'를
소재로 삼아 창작된 것이다. 그 밖에 『삼국지. 촉서. 관
우전』에서 배송지가 인용한 『촉기』에는 다음과 같은
기록이 있다.

"조공이 유비와 함께 여포를 하비성에서 포위했을
때다. 관우는 조공에게 여포 수하의 진의록을 구
원해 줄 것을 부탁하고 더불어 여포의 처를 아내
로 맞을 수 있도록 해달라고 애걸했다. 조공은 이

초선

연화 〈연환계〉

를 흔쾌히 수락했다. 여포를 격파하고 난 관우는 또다시 그 일을 조공
에게 여쭸다. 그러자 조공은 불쾌하게 생각하여 얼굴빛이 달라지더니
먼저 했던 약속을 어기고 여포의 처를 자기 곁에 두었다. 그러자 관우
는 마음이 편치 아니했다.”

　진의록의 처를 '여포의 처'로 잘못 표기했지만, 이 기록이 바로 초선
으로 진화했음을 추정할 수 있다. 명대 호응린胡應麟은 『소실산방필총
少室山房筆叢』에서 "초선의 목을 벤 일화는 역사적으로 근거가 없으며,
이는 저잣거리에서 흘러나온 이야기에 불과하다. 『관우전주關羽傳注』
에서 '관우가 여포의 처를 아내로 맞이하게 해달라고 조공에게 아뢰었
으나, 조공은 여포 처의 미모를 의심하다가 자기 곁에 두었다'라는 기
록 역시 근거가 없다"라고 말했다. 반면에 청대 양장거梁章鉅는 "초선
은 분명 존재하는 인물로 잡극과 평화에 소재로 인용되면서 생동감 넘

치는 초선의 이미지가 탄생되었다"라고 다른 견해를 나타냈다.

일찍이 당송 시대부터 설화인들은 '동탁의 시녀와 사통한 여포', '여포의 처를 아내로 맞이해 줄 것을 애걸하는 관우' 등의 『삼국지』의 기록을 소재로 인용하여 과감한 창의성을 발휘하기 시작했다. 덕분에 송원대의 화본에서는 초선의 이름이 자주 등장하게 되었다. 금대 원본과 송원대 남희에는 초선을 주인공으로 한 『초선녀貂蟬女』, 『자동탁刺董卓』이 출현하게 되었고, 원대 『삼국지평화』에서는 「왕윤헌동탁초선王允獻董卓貂蟬」과 「수침하비금여포水浸下邳擒呂布」편에서 초선의 이야기를 전면적으로 기술했다. 원대 잡극 〈금운당암정연환계錦雲堂暗定連環計〉에서는 '사람 중의 여포, 여자 중의 초선'이라는 주제 아래 여포와 왕윤의 대화를 통해 초선의 한 서린 인생을 소개하고 있다.

고승 보정

보정普淨은 『삼국연의』에 등장하는 승려로 총 두 번에 걸쳐 출현한다.

첫 번째는 관우가 조조 군영에서 빠져나와 호뢰관의 진국사鎭國寺에 이르렀을 때다. 『삼국연의』 제27회에는 이렇게 기술되어 있다. "원래 진국사는 한 명제明帝의 어전향화원御前香火院으로 이 절에는 삼십여 명이나 되는 중이 있다. 공교롭게도 그중에 관우와 동향 사람이 한 명 있었는데 그의 법명은 보정이었다." 보정은 변희의 계책을 관우에게 암시하여 위험에서 벗어날 수 있도록 도와주었다.

두 번째는 관우가 살해되고 나서 그 혼백이 옥천산玉泉山에 이르렀을 때다. 『삼국연의』 제77회에 따르면 "관우의 혼백이 흩어지지 않고 흘러서 도착한 곳은 바로 옥천산이었다. 산 위에 노승이 있었는데, 본명

은 보정으로 원래 진국사에 있던 장로였다. 훗날 천
하를 떠돌다가 이곳에 이르렀는데 산수가 수려한 것
을 보고 암자를 지어 날마다 좌선하며 도를
닦았다. 어린 행자 하나를 곁에 두어 밥을
빌게 하고 나날을 보내고 있었다." 관우의
혼백은 보정의 말에서 깨달음을 얻고 불교
에 귀의했다.

그러나 사실 보정이라는 인물은 『삼국지』
어디에서도 찾아볼 수 없다. 삼국 시대는 아직 불
교가 널리 퍼지지 않았던 때이므로 『삼국지』에
는 절이라든가 혹은 승려에 대한 기록이 전혀 나
오지 않는다. 즉 보정은 『삼국연의』에서 관우가 불교에 귀의하여 신
이 되도록 돕는 일종의 매개체 역할로 만들어진 허구적 인물이었다.

보정

관우가 옥천산에서 영험을 나타낸다는 최초의 기록은 당 정원貞元18
년802년 『중수옥천산관묘기重修玉泉山關廟記』이다.

"지의智顗선사가 천대산天臺山에 이르러 홀로 명상에 잠겼는데 갑자
기 밤에 신이 나타났다."

여기서 신은 다름 아닌 관우로, 이 기록은 훗날 원명대 잡극 및 평화
와 『삼국연의』의 소재로 이용되었다. 『삼국연의』가 널리 영향을 미친
까닭에 현재 옥천사 남쪽에는 명대 사람이 세운 비석이 있다. 비석에
는 '관운장이 현성顯聖한 곳'이라는 글귀가 새겨져 있다. 보정과 관우
의 이러한 인연 탓에 명청 이래로 만들어진 관우묘에는 대전의 관우상
양쪽으로 왕보, 조누, 화타, 보정의 신상이 함께 세워졌다.

충절의 화신 주창

『삼국지』에는 관우, 관평의 기록이 있는 반면에 주창周倉의 이름은 단 한 글자도 없다. 훗날 원대 잡극 〈단도회〉와 〈삼국연의〉 등에는 『삼국지. 오서. 노숙전』에서 노숙과 관우가 익양에서 담판을 벌일 때 등장했던 무명씨를 주창이라 언급하기 시작했다. 『삼국지. 오서. 노숙전』의 관련 기록을 보면 다음과 같다.

"노숙은 익양에서 관우와 서로 대항했다. 노숙이 관우에게 만날 것을 요청하여 각각 병마를 백보 밖으로 주둔시키고 장군들만이 단도를 갖고 함께 만났다. 노숙은 관우를 여러 차례 질책하여 말했다. '우리 군주가 본래 성의껏 토지를 빌려 준 것은 그대들이 전쟁에서 패하여 멀리까지 온 데다 의지할 곳이 없었기 때문이요. 지금 그대들은 벌써 익주를 얻었으면서도 형주를 되돌려 줄 생각조차 하지 않고 있소. 우리들은 단지 그대들이 세 군郡만 반환해 줄 것을 요청하는데도 왜 명에 따르지 않는 것이오.' 노숙이 말을 마치기도 전에 자리에 앉아 있던 누군가가 말했다. '영토란 덕 있는 사람에게 속하는 것일 뿐, 어찌하여 동오에서만 차지하겠다고 하시오?' 이

주창

에 화가 난 노숙은 벽력같은 소리를 질러 질타했는데 말투와 얼굴빛이 노기로 가득했다. 그러자 관우가 칼을 잡고 일어나 '이것은 국가의 대사인데 이런 하잘것없는 사람이 무엇을 알겠소?'라고 말하며 그에게 눈짓으로 자리를 비키도록 했다."

원대 잡극과 평화의 작가들은 이 기록에 등장하는 무명씨를 주창으로 탈바꿈시켜 관우의 수하 부하 내지는 시종으로 등장시켰다.

주창이라는 이름이 가장 먼저 등장한 것은 원대 중엽에 간행된 『삼국지평화』다. 그는 제갈량이 북벌을 단행할 때 목우와 유마부대를 인솔하여 군량미를 나르던 군관이었다. 사마의가 이끄는 위나라 대군과 교전할 때만 해도 특별한 역할이 없는 엑스트라 급에 불과했다. 이때까지도 주창은 관우와 아무런 연결고리가 없었다.

주창이 관우와 함께 등장하기 시작한 것은 원대 말엽부터다. 원대 말엽의 『화관색전花關索傳』에서는 관색이 성도에서 수비군 대장 주창을 생포했는데, 이때 주창이 관우의 시종을 자처하는 내용이 나온다. 그 후 『삼국연의』에서는 주창에게 생명력을 불어넣어 생동감 넘치는 인물로 다듬었다. 이때부터 주창은 관우와 더불어 널리 이름을 날렸고 관우묘에 입성하여 신격화되었다. 더불어 『설당전전』, 『요제지이聊齋志異』 등 각종 희극과 소설에도 등장하게 되었다. 특히 명청대의 일부 지방에서는 『삼국연의』의 주창 일화를 인용해 지방지에 삽입했다. 루쉰은 『소설구문초小說舊聞鈔』에서 『산서통지山西通志』를 인용하여 이렇게 기록하고 있다.

"장군 주창은 평육平陸 출신으로 본래는 장보張寶의 수하 장수였다. 훗날 와우산臥牛山에서 관우와 맞닥뜨린 뒤 그를 따르게 되었다. 번성 전투에서 방덕을 생포하기도 했으나 훗날 맥성을 수비하다 죽었다.”

『삼국연의』에서 주창은 맥성에서 숨을 거두었다. 그래서 명청대 맥성에서는 진짜로 주창의 묘를 세웠고, 주창과 관련한 민간 전설이 퍼지기 시작했다. 예컨대 강릉 지역에서는 5월에 내리는 비를 ‘칼을 가는 비’라고 부른다. 이는 당시 관우가 노숙과 담판을 벌이러 가기 전에 주창이 청룡

수문장 주창

언월도를 갈았던 물이라는 의미에서다. 또한 음력 6월 16일을 주창이 맥성에서 죽은 날이라 하여 해마다 제사를 지내기도 한다.

주창은 관우의 분신이자 관우 이미지의 연장이라고 할 수 있다. 주창이라는 인물이 완벽하게 형상화될수록 관우의 이미지는 더욱 위대해지고 신성시되었다. 그래서 관우를 숭상하는 일반 백성들에게 역사상 주창이 실제로 존재했는지 여부는 중요하지 않다.

청룡언월도

『삼국지.촉서.관우전』에는 관우가 원소의 부하 장수 안량을 죽일 때 “말을 달려 수만 명의 군사 가운데 안량을 찔러 죽였다”라고 기록되어 있다. 이 기록에서 ‘찔러 죽이다’라는 동사를 사용했기 때문에 훗날 학자들은 관우가 당시 사

용했던 무기를 긴 창이나 극으로 판단했다. 다시 말해서 『삼국연의』에서처럼 긴 칼, 즉 청룡언월도를 사용한 것이 아니라고 주장하는 것이다.

또한 일부 학자들은 『삼국지. 오서. 노숙전』에서 관우가 익양에서 담판을 벌일 때의 기록을 근거로 다른 주장을 내세우고 있다. 즉 "노숙이 관우에게 서로 만날 것을 요청하여 각각 병마를 백보 밖으로 주둔시키고 장군들만이 단도를 갖고 함께 만났다"라는 기록에 따라 당시 관우가 단도를 이용했을 것이라는 추측이 나왔다. 여기서 '단도'는 말 그대로 몸에 휴대하고 다니는 호신용 무기이자 장수의 신분을 상징하는 장식품이다. 다시 말해 전쟁터에서 적군과 교전할 때 사용하는 무기가 아니다.

삼국 시대에는 전쟁터에서 긴 칼을 사용하지 않았다. 『삼국지. 위서. 전위전 典韋傳』에는 "전위는 커다란 쌍극과 긴 칼을 들고 있었다"라고 했는데, 긴 칼에 대한 유일한 기록이라고 할 수 있다. 그나마도 전위는 전쟁터에서 주로 쌍극을 사용했으며, 긴 칼을 사용하지 않았다.

긴 칼은 서진 말엽부터 등장하기 시작했다. 『진서. 유요재기劉曜載記』에는 서기 323년에 황제 유요劉曜가 진안陳安을 공격했을 때 "진안은 왼손에는 7척이나 되는 큰 칼을 잡고 오른손에는 장팔사모를 들고 있었다. 교전이 시작되자마자 칼과 모가 같이 움직이니 순식간에 군사 네다섯 명이 죽어 나갔다"라는 기록이 있다. 당대에 이르러 전쟁터에서 긴 칼을 보편적으로 사용하기 시작했고, 청룡언월도는 남송대에 이르러서야 등장하기 시작했다.

명대 모원의茅元儀의 『무비지武備志』에 따르면 송대에 통용되던 8종 군도 중에 주로 4종을 사용했는데 바로 장도, 단도, 구렴도鉤鐮刀, 언월도였다. 여기서 언월도는 바로 청룡언월도를 의미한다. 청룡언월도는 전쟁터에서 주로 공격용 무기로 사용되었는데 무시무시한 살상력이 있었다. 하지만 워낙 무거운 무기라서 특별한 무예 실력을 갖춘 사람만이 자유자재로 사용할 수 있었다.

> 청룡언월도는 『삼국지』 덕분에 명성을 날리게 되었고, 훗날 '관왕도關王刀', '춘추도春秋刀'라고 불리게 되었다.

어리석은 교국로

『삼국연의』에 등장하는 교국로喬國老는 경극의 어릿광대처럼 황친다운 위엄은 눈곱만큼도 찾아볼 수 없다. '국로'라는 호칭은 퇴직한 고위급 관료를 호칭하는 말이다. 『삼국연의』 속의 교국로가 정말로 고위급 관직에 재직했는지 확인할 수 있는 자료는 없다.

실상 교국로는 허구 인물이다. 『삼국연의』에서 교국로는 절세미인인 교씨 자매의 아버지로 등장한다. 즉 손권과 주유가 그의 사위인 셈이다. 경극의 〈감로사甘露寺〉와 〈교부구계喬府求計〉에서는 『후한서. 교현전橋玄傳』의 교현橋玄을 『삼국연의』의 교국로로 등장시킨다. 하지만 일찍이 사학자들은 이를 역사에 대한 지식이 부족한 데서 비롯된 것으로 판단하고 역사를 왜곡하는 잘못된 행위라고 지적했다.

나관중과 모종강도 이를 명확하게 구분 지었다. 그래서 『삼국연의』에서는 '교국로'와 '교현'이 전혀 별개의 존재로 등장한다. 『삼국연의』에서 교현은 청년 조조를 높이 평가하는 늙은이로 제1회에서 잠깐 얼굴을 내비치는 것으로 끝난다.

명대 가정본 『삼국연의』에서는 교국로에 대해 "이 교二橋의 아버지는 남서南徐 땅에 살고 있었다"라고 기록하고 있다. 이를 모종강은 모본에서 '교橋'씨를 '교

교씨 자매

'喬'씨로 바꿔서 기록했는데, 이는 매우 현명한 처사였다. 류스더劉世德 교수 역시 『야화삼국夜話三國』에서 평가하기를 "모본에서 교국로의 성씨를 '교喬'씨로 바꾼 것은 교현과의 관계를 끊기 위한 목적으로 사료된다"라고 했다.

삼국 시대 한족에는 '교橋'씨 성은 있었지만 '교喬'씨 성은 없었다. 본래 '교喬'씨 성은 흉노족 고위층들의 성이었다. 위나라 통치자는 한족을 흉노족으로 귀화시키기 위해 '교橋'씨 성을 '교喬'씨 성으로 바꾸게 했고, 뒤이어 수나라가 천하를 통일하면서 중국에는 '교喬'씨 성만 존재하게 되었다.

제갈량은 군사직을 맡은 적이 없다

제갈량이 유비의 군사였다는 것은 세상 사람 모두가 알고 있는 사실이다. 명청 시대 이후 수많은 평화와 소설에서 제갈량의 '군사'를 본뜬 비슷한 캐릭터들이 등장했다. 예컨대 『동한연의』의 등우, 『설당연의說唐演義』의 서무공徐茂公, 『대명영렬전』의 유백온劉伯溫, 『잔당오대사연의』의 주덕위周德威 등이 대표적 예다.

송원대 이래로 민간 설화와 평화, 희극 등에서는 제갈량을 '만능 신'에 가까운 군사로 형상화했다. 이러한 제갈량의 이미지가 사람들의 뇌리에 깊이 각인되면서 '군사'는 문무를 겸비한 최고 원수 급으로 무소불위의 권력을 휘두르는 직책으로 부상했다.

그러나 실상 삼국 시대의 군사는 군사 전략 회의에 참석하는 일종의 부장급

직급이었다. 예컨대 조조가 허許로 도읍을 옮길 때 순유를 군사에 임명했으며, 유비가 표문을 올려 손권에게 차기장군을 대행하도록 할 때 장소를 군사직에 제수했다. 즉 삼국 시대의 군사는 아주 흔한 직급이었다. 건안 원년196년 때부터 군사제주軍師祭酒, 중군사中軍師, 전군사前軍師, 후군사後軍師, 좌군사左軍師, 우군사右軍師 등 다양한 종류의 군사직이 개설되었는데 고위급 참모직에 해당되었다.

『삼국연의』에서 제갈량은 와룡강에서 나오자마자 군사직에 임명되는데 이는 작가의 상상력에 근거한 것이다. 실상 제갈량이 처음 유비의 수하로 들어갔을 때는 특별한 관직이 주어지지 않았다. 적벽대전을 치르고 강남의 4개 주를 차지한 뒤에야 유비는 제갈량에게 군사중랑장이라는 직책을 주었다. 그 후 건안 19년214년, 유비와 함께 성도로 옮겨온 뒤 제갈량은 군사장군으로 승진되었다. 비록 두 차례 모두 '군사'라는 직함이 붙었지만 실제 '군사' 역할을 담당한 것은 아니었다. 이처럼 제갈량은 실상 군사직을 수행하지 않았음에도 『삼국연의』에서는 가장 유명한 군사로서 명성을 날리게 되었다.

장수의 아들 관색

『삼국연의』 제87회에는 모종강이 특별히 삽입한 일련의 일화가 있다. 바로 관우의 셋째 아들 관색의 일화다.

때는 제갈량이 남쪽 정벌을 위해 성도를 떠나 익주로 향하는 중이었다. 갑자기 관우의 셋째 아들 관색이 군중 무리로 뛰어 들어오더니 제갈량에게 말했다. "형주가 함락된 뒤 난을 피해 포가장鮑家莊에서 병을 조리하고 있었습니다. 매번 선주를 찾아뵙고 부친의 원수를 갚으려고 했으나 상처가 좀처럼 아물지 않아서 떠나지 못하고 있었습니다. 이

제야 상처가 다 나았는데 마침 동오에 있는 원수들이 모두 도륙을 당했다고 하기에 황제를 뵈러 가던 중이었습니다. 중도에 남쪽 정벌을 나서는 군사를 보고서 동참하고자 이렇게 찾아뵈었습니다."

나관중의 명대 가정본『삼국지통속연의』에는 관색이 등장하지 않는다. 삼국사에도 관색이라는 인물은 존재하지 않는다. 즉 관색은 관우와 아무런 관계가 없는 인물이었다.

사실 '관색'은 시대적 유행어로 영웅에게 붙여주던 일종의 별칭이었다. 그 예로 남송대『무림구사武林舊事』에는 각저角觝, 여러 가지 기예를 겨루던 시합의 일종 선수였던 장관색張關索, 동관색童關索, 엄관색嚴關索 등이 등장한다. 또한 남송 초 명장인 이보작李寶綽의 별명은 소관색小關索이었다.『삼국연의』에서는 이렇듯 영웅들에게 붙여주던 별칭 '관색'을 관우의 아들 이름으로 만들어 등장시켰던 것이다. 송대까지만 해도 관색은 관우와 아무런 연관이 없었지만 명대에 이르러 등장하기 시작했다. 명대 말엽 간행된『신전경본교정통속연의안감삼국지新鐫京本校正通俗演義按鑒三國志』에는 관색이 형주로 아버지를 찾아가는 대목이 나오는데 다음과 같이 기록하고 있다. "관우에겐 큰아들이 있었는데 일곱 살 나던 해 정월 석등 구경을 갔다가 미아가 되었다. 그 후 색索씨 성의 원외랑員外郎이 관색을 거두어서 아홉 살까지 기르다가 화악花岳 선생의 제자로 보내 무예를 닦게 했다. 그리고 열여덟 살 때에 이르러 출생이 밝혀진 뒤 세 집안의 성을 따서 화관색이라고 불리게 되었다."

모종강은 명대 말엽의 간행본을 근거로『삼국연의』에 관색을 관우의 셋째 아들로 등장시켰다.

〈 『삼국연의』의 허구 인물 〉

『삼국연의』에 성명이 명확히 기록된 인물은 1천178명이다. 그 가운데 『후한서』, 『삼국지』, 배송지 주석본, 『진서』에 모두 등장하는 인물은 1천39명이다. 『삼국연의』에서 별도로 등장시킨 인물은 149명으로 다음과 같다.

장회章回	성명	사건
제1회	정원지程遠志	황건적 두목
	등무鄧茂	황건적 두목
제5회	포충鮑忠	포신鮑信의 아우로 화웅에게 참수 당함
	유섭俞涉	원술의 수하 장수로 화웅에게 참수 당함
	반봉潘鳳	한복의 수하 장수로 화웅에게 참수 당함
	방열方悅	왕광王匡의 수하 장수로 여포에게 죽임을 당함
	무안국武安國	공융의 수하 장수
제8회	초선	–
제9회	이별李別	이각李傕의 조카
제13회	최용崔勇	이각의 수하 장수로 서황에게 죽임을 당함
제14회	이섬李暹	이각의 조카
	순정荀正	원술의 수하 장수로 기령紀靈의 휘하에 있다가 관우에게 참수 당함
제15회	번능樊能	유요의 수하 장수로 손책에게 참수 당함
	진횡陳橫	유요의 수하 장수
	양대장楊大將	양홍楊弘을 잘못 호칭함
제17회	왕후王垕	–
제23회	진경동秦慶童	동승의 노복으로 조조에게 밀고함
	운영雲英	동승의 시첩
제27회	두원杜遠	요화와 함께 산적패가 됨
	호화胡華	호반의 부친
	공수孔秀	동령관을 수비하던 장수로 관우에게 죽임을 당함
	한복	낙양태수로 관우에게 죽임을 당함
	맹탄	한복의 수하 장수로 관우에게 죽임을 당함

	변희	범수관을 수비하던 장수로 관우에게 죽임을 당함
	보정	–
	왕식	형양태수로, 관우에게 죽임을 당함
	호반胡班	왕식의 수하 장수로 관우를 위험에서 구출해냄
	진기	하후돈의 수하 장수로 황하 나루터를 수비하다가 관우에게 죽임을 당함
제28회	관정	장원의 주인, 관평의 부친
	관녕	관평의 형
	곽상郭常	장원의 주인으로, 그의 아들이 적토마를 훔쳐옴
	배원소裴元紹	황건적의 두목으로 조운에게 죽임을 당함
	주창	–
제30회	한맹韓猛	원소의 수하 장수
	신명辛明	원소의 수하 장수
제32회	마연馬延	원상의 수하 장수로 조조에게 투항함
	장의	원상의 수하 장수로 조조에게 투항함
	왕소汪昭	원담의 수하 장수
제33회	팽안彭安	원상의 수하 장수로 서황에게 죽임을 당함
	오환촉烏桓觸	유주자사 초촉焦觸을 잘못 표기함
제41회	하후은夏侯恩	조조의 보검을 책임지는 배검장背劍將으로 조운에게 죽임을 당함
	순우도淳于導	조인의 수하 장수로 장판파에서 조운에게 죽임을 당함
	안명晏明	조홍의 수하 장수로 장판파에서 조운에게 칼에 찔림
	종진鍾縉	하후돈의 수하 장수로 조운에게 죽임을 당함
	종신鍾紳	하후돈의 수하 장수로 조운에게 죽임을 당함
제45회	채훈蔡壎	채모의 아우로 감녕의 화살에 사살 당함
	채중蔡中	채모의 아우로 주유에게 거짓 항복함
	채화蔡和	채모의 아우로 주유에게 거짓 항복함
제52회	유현劉賢	영릉태수 유탁劉度의 아들
	형도영邢道榮	유도의 수하 장수
	포용鮑龍	계양태수 조범의 수하 장수

제53회	공지鞏志	무릉태수 김선金旋의 종사로 성을 바침
	양령楊齡	장사태수 한현韓玄의 수하 장수로 관우에게 참수 당함
	가화賈華	손권의 수하 장수
	과정戈定	태사자의 고향 사람, 합비에서 내응함
제54회	교국로	–
	오국태吳國太	–
제57회	이춘향李春香	황규의 첩
	황규黃奎	한문하시랑으로 마등과 연합하여 조조에게 반기를 듦
	묘택苗澤	황규 처의 동생, 이춘향과 내통함
제58회	종진鍾進	동관의 수비 장수 종요의 아우
제61회	주선周善	장비에게 죽임을 당함
	고패高沛	유장의 수하 장수
제62회	자허상인紫虛上人	유괴劉璝의 길흉화복을 점쳐줌
제64회	탁응卓膺	유장의 수하 장수로 유비에게 투항함
제67회	창기昌奇	양앙의 수하 장수
	양앙楊昻	장로의 수하 장수
	양송楊松	장로의 책사
제69회	임기任夔	마초의 수하 장수
제70회	하후덕夏侯德	하후연의 수하 장수로 천탕산을 수비함
제71회	장저張著	황충의 수하 장수
제73회	적원翟元	조인의 수하 장수
	하후존夏侯存	조인의 수하 장수
제74회	동형董衡	방덕의 수하 장수로 반란을 도모하다 방덕에게 죽임을 당함
	성하成何	방덕의 수하 장수로 전사함
제76회	서상徐商	조조의 명령으로 번성의 지원군으로 파견됨
제80회	조필祖弼	옥새를 내놓지 않다가 죽임을 당함
제82회	담웅譚雄	손권의 수하 장수로 관흥에게 잡혀 참수 당함
	최우崔禹	주연의 수하 장수로 장포에게 잡혀 죽임을 당함
제83회	하순夏恂	한당의 수하 장수로 장포에게 죽임을 당함

	주평周平	주태의 아우로 관흥에게 죽임을 당함
제84회	순우단	육손의 수하 장수
제87회	관색	–
	악환鄂煥	고정의 수하 장수
	금환삼결金環三結	맹획의 수하 장수로 조운에게 죽임을 당함
	동다나董茶那	맹획의 수하 장수로 포로로 잡혔다가 풀려남
	아회남阿會喃	맹획의 수하 장수로 포로로 잡혔다가 풀려남
	망아장忙牙長	맹획의 수하 장수
제88회	맹우孟優	맹획의 아우
제89회	타사대왕朶思大王	독룡동禿龍洞의 동주로 맹획을 생포함
	맹절孟節	맹획의 형
	양봉楊鋒	동주로서 맹획을 생포함
제90회	대래동주帶來洞主	맹획 처의 동생
	목록대왕木鹿大王	팔납동주, 이리, 표범 등 맹수를 조종함
	축융부인祝融夫人	맹획의 처
	오과국주烏戈國主 올돌귈兀突骨	등갑군을 거느림
제91회	장도張韜	곽귀비郭貴妃가 총애한 신하
제92회	한덕	서량의 대장으로 조운에게 죽임을 당함
	한영韓瑛	한덕의 아들로 조운에게 죽임을 당함
	한요韓瑤	한덕의 아들로 조운에게 죽임을 당함
	한경韓瓊	한덕의 아들로 조운에게 죽임을 당함
	한기韓琪	한덕의 아들로 조운에게 죽임을 당함
	반수潘遂	하후무의 수하 장수
	동희董禧	하후무의 수하 장수
	설식薛式	하후무의 수하 장수
	배서裴緖	위의 장수, 제갈량이 심복 장수를 배서로 위장시켜 성을 빼앗기도 했음
	최량崔諒	위나라 안정태수
	양릉楊陵	위나라 남안태수

294

제94회	철리길徹里吉	서강西羌국왕
	아단雅丹승상	철리길의 명을 받아 조진을 지원함
	조길趙吉원수	철리길의 명을 받아 조진을 지원함
	한정韓禎	촉한의 서평관을 지키던 장수
제95회	소옹蘇顒	곽회의 수하 장수
	만정萬政	곽회의 수하 장수
제96회	장보張普	조휴의 수하 장수
	설교薛喬	조휴의 수하 장수
제97회	사웅謝雄	제갈량의 비장으로 왕쌍에게 참수 당함
	공기龔起	제갈량의 비장으로 왕쌍에게 참수 당함
제100회	진량秦良	사마의의 수하 장수
	두경杜瓊	제갈량의 수하 장수
	구안苟安	이엄 수하의 양관
제102회	잠위岑威	사마의의 수하 장수로서 목우와 유마를 관리함
제103회	장구張球	만총滿寵의 수하 장수
제106회	배경裴景	사마의를 따라 요동 정벌에 나섬
	구련仇連	사마의를 따라 요동 정벌에 나섬
제107회	반거潘擧	조상의 수문장
제109회	왕도王韜	사마소의 주부
제110회	갈옹葛雍	관구검毌丘儉의 수하 장수
	송백宋白	신현의 현령
	주방朱芳	위나라 왕경王經의 수하 장수로 강유와 교전함
	장명張明	위나라 왕경의 수하 장수
	화영花永	위나라 왕경의 수하 장수
	유달劉達	위나라 왕경의 수하 장수
제111회	포소鮑素	강유의 수하 장수로 기산 진영을 수비함
제112회	왕진王眞	사마망司馬望의 수하 장수
	이붕李鵬	사마망의 수하 장수
	증선曾宣	제갈탄의 수하 장수

제113회	정륜鄭倫	등애의 수하 장수로 요화에게 참수 당함
제114회	당균黨均	등애의 막료
제115회	왕관王瓘	등애의 수하 장수
	등돈鄧敦	위나라 관원으로 사마소의 촉한 토벌을 저지함
제116회	노손盧遜	촉한 남정관을 수비하던 장수
제117회	마막馬邈의 처 이李씨	자살함
제118회	최崔부인	북지왕北地王의 처로 자살함
제120회	장절張節	위나라 황문시랑으로 사마염이 황제 자리를 뺏는 것을 막다가 죽임을 당함